JN250469

よくわかる公会計制度

創設の歴史と現行制度の活用や改革の方向まで

亀井 孝文 著

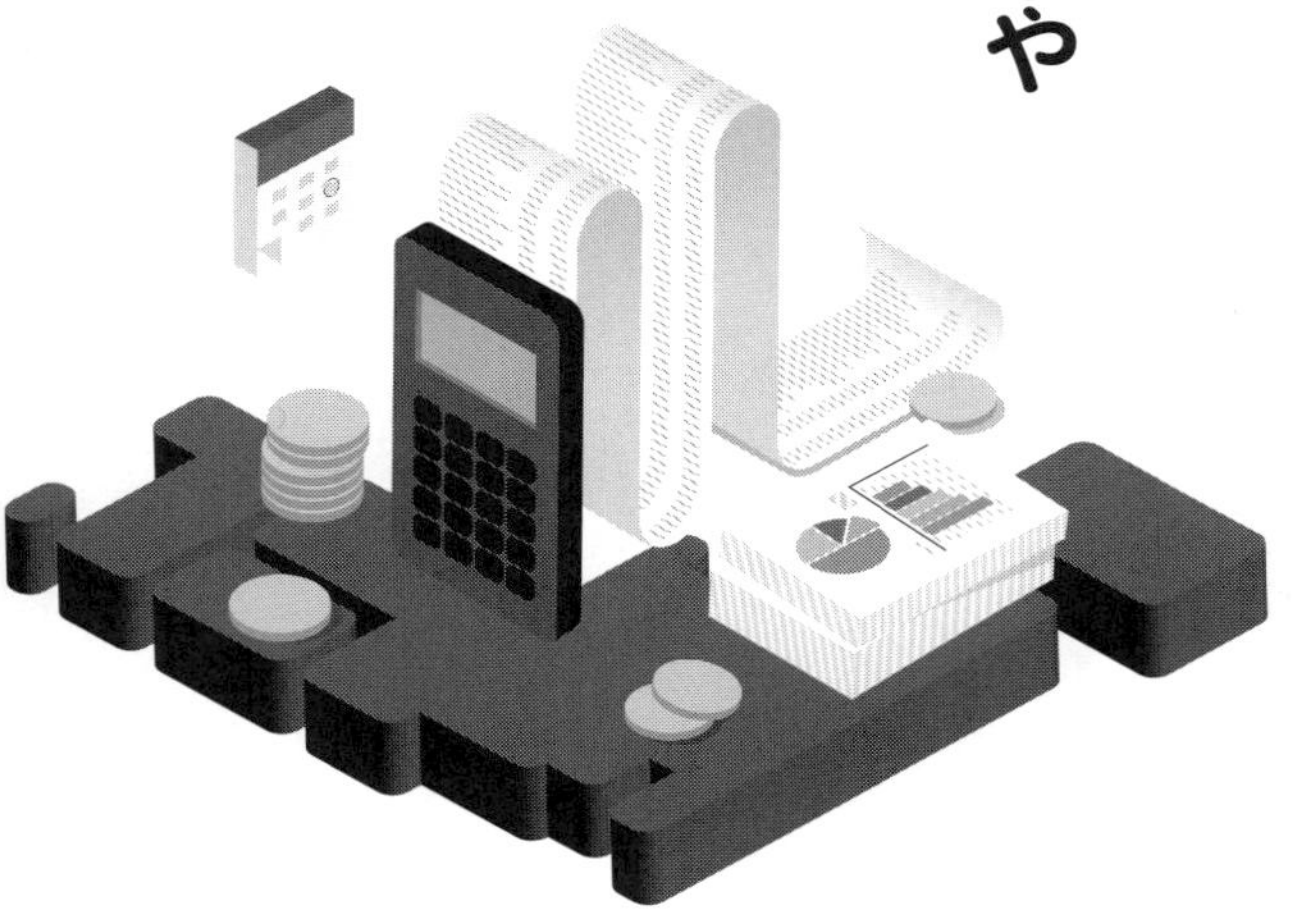

イマジン出版

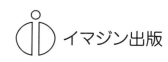

目次

第一章　公会計制度 ―江戸幕府から明治政府へ―

第二章　公会計制度の創設 ―明治は面白い―

第三章　公会計の基礎と周辺

第四章　現行制度の理解とその見直し論

第五章　改革の先陣争いとその終焉

第六章　財政健全化と公会計

第七章　アングロ・サクソン型監査の導入

第八章　公会計と企業会計の連関

第九章　国際的なヘゲモニー争いの背景

第一〇章　公会計情報は役立っているか ―アンケート調査―

あとがき

第一章　公会計制度 ―江戸幕府から明治政府へ―

歴史的に見ると「公会計」は、精粗は別として何らかの形で国家の歩みとともに進展してきている。しかし、それは近代国家の成立とともに本質的な変化を遂げることとなる。しかも、その成立を歴史のなかに位置づけるとそれほど古い話ではないことがわかる。

公会計は古代から

いわゆる公会計は古代国家でも存在した。考えて見れば当然で、古代バビロニア、古代エジプト、古代ギリシアでも、その後の古代ローマでも同様である。とりわけ古代ローマにおける国庫会計はそれ以前の国家の制度に比してかなり精巧なものであったという[1]。また、農業を基盤として、領主と領民、上級領主と下級領主、教会と信者、農民と都市民などのそれぞれの複雑な関係によって社会が構成された中世の西ヨーロッパでは、荘園の形成とその経済活動、さらに教会や修道院の活動も大きな影響力をもった。そうした組織でもいわゆる「荘園会計」、「教会会計」ということばが示す通り、さまざまな方法によってパブリック・セクターまたはそれに類する主体の会計が行われていたことがわかる。

エクスチェッカー

イギリスでは、その国庫制度の成立は「自由憲章」を発布したヘンリー一世（在位一一〇〇－一一三五年）の時代まで遡ることができるという。当時、お金の計算を行うさいにチェック模様の布（chequered cloth）を用いたことから、財政全般を取り扱う組織は「The Exchequer」と呼ばれ、それが「国庫」を意味する言葉となった。国王の法的地位、貴族との関係、課税などを規定し、イギリス憲政の基礎となったといわれる一二一五年の「大憲章（Magna Carta）」成立後、国王の収入は「陛下の金庫（Her Majesty's Exchequer）」に収納されるようになったが、このことばの由来はそうしたところにある。その管理にあたったのが「陛下の大蔵省（Her Majesty's Treasury）」である。このように、パブリック・セクターが存在するところに公会計の原型が形成されていった。ただ、「国庫」とはいっても、公的な財産と国王の私的財産とが必ずしも明確に峻別されているとは限らず、「公（おおやけ）」の範囲や概念の内容は単純なものではない。

ヨーロッパにおける公会計と複式簿記

『帳簿の世界史』の著者J・ソールによれば、一五世紀末、ルカ・パチオリによって書かれたかの簿記書『スムマ』には商人の会計における記帳法だけではなく、政府の会計とその倫理規範についても記述されているという[2]。また、一六世紀のフェリペ二世治世下のスペインにおいても、国の財政を把握し、国家の破綻を防ぐために国の会計を大変重視し、同時に、それをもとに王家の収入を増やすための財政政策が立案されたといわれる[3]。また、東インド会社の運営によって莫大な富がもたらされた一七世紀のオランダでは、民間のみならず国家財政の記録にも複式簿記が活用されたともいう[4]。

封建時代や絶対王政の時代にあっても、領地からの収入、さまざまな種類の税収、国内の商業や貿易による収入、植民地の拡大とそれによる収入等を管理するために会計制度は重要な機能をもっていた。そこで決定的に重要だったのは、公金を国庫金として一元的に把握することであった。つまり、政治体制の統一は財政の国家的統一を必要としたのである。ブルボン朝の太陽王と呼ばれたルイ一四世の治世下（一六四三～一七一五年）で行われた会計などはその好例である。そこでは宰相コルベールの財政運営によって国の会計にはすべて完全とはいかなかったが複式簿記が用いられていたというのである[5]。フランスにおけるこの時代の会計の活用は、やがて国際的に見ても多くの国の商法の法源となる「フランス商事王令」（一六七三年）に連なることとなる。また、コルベールは公会計の指針の策定を熱心に推進したともいう。

近代ヨーロッパの公会計

しかし、歴史的にみて政治体制はさまざまに変転したものの、近世に至るまで統治主体に入ってくる公金の多くの使途はその統治主体の裁量に依存し、その会計報告が納税者に報告されるなどということは考えるべくもなかった。公金の取り扱いが体系的な制度として成立するのは、実はそれほど古いことではなく、基本的には近代国家成立の時期のことなのである。

事例を見てみよう。例えば、イギリスにおける一七八七年の「国庫統合基金（the Consolidated Fund）」は典型例であり、それを根拠づけるものが一八一六年の「国庫統合基金法（the Consolidated Fund Act）」であった。これによってすべての収入が単一の基金に収納されることとなったのである。このような財政とそれを記録する会計制度は、フランスでも比較的早い段階で整備されている。その基礎は、フランス革命による絶対王政の崩壊とナポレオン一世による帝政の後、復古王政の王位についたルイ一八世（在位一八一四～一八二四年）によって築かれた。ナポレオン一世も「ナポレオン法典」と呼ばれる民法典の制定や会計検査院の設置[6]をするなど、ヨーロッパ諸国におけるその後の法制や会計制度に与えた影響は小さくない。しかし、ここでの最大の関心事である公会計制度の整備という観点からすれば、一八六二年の

「ナポレオン三世勅令」は看過できない。これは一八三八年の公会計法を基礎として制定されたものであるが、これこそわが国の公会計制度の形成に決定的な影響を与えた法律なのである。

このように、公会計に関する法令が整備されていく過程は、近代に至って行政の会計責任についての萌芽ともいうべき考え方がようやく現れ始めたことを意味する。絶対王政に至るまでの国家体制では、権力を維持するための国の財政、あるいはむしろそれ以上に、強大な絶対的権力者たる王室を支えるための財政を把握する手段として公会計が認識されていたのであるが、近代化による「市民」概念の形成とそれに対する明確な認識が、公会計のあり方を根本的に変えることとなった。

公的文書や帳簿史料の喪失

さて、わが国ではどうだったのか。まず、近代的公会計制度の創設が明治になってからのものであることはいうまでもない。その明治という時代は、公会計制度に限らず、政治、経済、社会のあり方があらゆる面で質的に大転換をとげた時期であり、日本史のなかでも特筆に値する時代であった。それだけにわれわれが関心をもつ公会計もそうした時代にどのように形づくられたのかには大いに興味がもたれる。それとあわせて、その前の時代の公会計がどうであったのかということにも思いを馳せてみたい。

ただ、そうした関心から江戸幕府の公会計を知ろうとするにも、例えば、その主要な財政基盤となってきた直轄地を管理する郡代や代官の職務に関する史料は、斯界の研究者によれば「まとまった形で存在しない」[7]という。つまり、さまざまな史料をつなぎ合わせてわれわれの知ろうとする対象を浮かび上がらせる以外にないということなのである。とくに、江戸幕府終焉にさいしては多くの文書が廃棄され、さらに後の関東大震災でも多くの関連史料が焼失したといわれる。

そうした状況の一方、一八世紀前半の一村落でどのような文書や帳簿が作成されていたかを明らかにした貴重な研究もある[8]。もっともこれは江戸幕府における公会計の研究というものではなく、ある村落で発生した名主の不正をめぐる訴えと争いの過程で、幕府の指示によって、代官以下関係者の間で作成され保管されるべき文書や帳簿が次第に整えられていく状況について、村政の民主化という観点から解き明かされたものである。このように、江戸幕府に関する研究は史料収集の制約から簡単ではなく、ましてや会計制度にかかわる研究となると皆無に等しいというのが実情である。われわれが求める情報は、せいぜい幕府財政史あるいは幕府の職制に関する研究のなかでわずかな関連事項として言及される程度である。

こうした事情は江戸幕府が終焉して間もない時期ですら同様であり、初期の明治政府も財政に関する史料を少しでも多く収集し、旧幕府関係者の存命中に聞き取り調査をする必要性を認識していたようである。実際にそのための調査が大がかりに行われ、貴重な成果として結実したものが以下に取り上げる『徳川理財会要』および『吹塵録』である。しかし、これらは江戸幕府の財政について膨大ではあるが断片的な資料を収集したもので、当時の会計制度となると、その帳簿様式やシステムの全体像がわかるようなものは残念ながら含まれていない。

大商人の帳簿

これに対して、商人の会計に関しては、大きな商家に保存されていた帳簿の研究によって当時の簿記法が明らかになっている。例えば、伊勢の豪商冨山家の帳合法で現存する最古の商業帳簿といわれる「足利帳」（一六一〇年代）、これ以外にも出雲田部家、伯耆近藤家、肥後石本家、出羽本間家、伊勢長谷川家、江州中井家、江州小野家、大坂鴻池家、三井家の帳簿など例は少なくない。商家の帳簿の場合にはこのように代々受け継がれていく可能性が高かったのに対し、公会計に関する史料は他のものに埋もれ、その存続がその時どきの政治状況に大きく支配される運命にあったことが改めて思い起こされる。

『徳川理財会要』の不遇

『徳川理財会要』（以下、単に『会要』）[9]というのは明治政府がかなりの資金を投じて資料収集し調査した結果についての報告書とでもいうべきものであり、大蔵省編纂による天金、背革装、全一二二三ページという大部の書物である。その冒頭の「解題」には概略以下のように述べられている。この書は、さかのぼれば明治一一年大隈重信が大蔵卿の職にあった折、徳川時代の財政に関する沿革を編集させたことに由来する、その後、佐野常民が明治一三年に大蔵卿に就任したさいに、岩倉具視に依頼して旧藩の華族等より参考となる資料を借用しそれまで収集した史料に補足をした、さらに、大蔵省の書記官を各県に派遣して資料を収集し、幕府時代に財政を担当した人々から聴取し、あるいは、民間に所蔵されている古い書類を筆写して、まず『理財会要原書』（全七四冊、以下、単に『原書』）にまとめられた、それを簡略化して刊行されたものが『会要』だというわけである。この記録には江戸幕府における勘定所の職制がかなり多くのページにわたって詳細に記述されている。しかし、会計に関しては、勘定方および吟味役が地方（じかた）から上がってきた勘定帳を綿密に調べることを定めた規則の改正などが収載されているものの、帳簿の種類またはその組織を示すような記述は見当たらない。この『原書』はさらに補訂され、大蔵省記録局の編纂のもとで大正一一年から翌年にかけて刊行されたものが『日本財政経済史料』[10]（全一〇巻、初版約一万三千ページ）である。

ところで、この膨大な記録の編纂は不運に見舞われることとなる。明治一四年、大蔵卿に就任した松方正義によって『原書』は不完全であるという理由で却下され、未定稿のまま長年にわたって省内に放置されたというのである。この記録作成の当初の目的は法令の改廃に役立てること、あるいは徳川政府の財政政策の裏面を知ることであるが、そうした観点からすれば確かに十分であるとまではいえない。それにしても、大蔵省が記録局に「理財会要取調掛」を設置し、莫大な費用を投じて収集した貴重な史料によって編集されたことを考えれば、松方が下したこの取り扱いはにわかには納得し難い。

『徳川理財会要』の概要

そうした紆余曲折ののちに刊行されたのがこの書物であり、資料収集の発意から一冊の書物として日の目を見るまで実に半世紀余の年月を要している。冒頭の解題のあとに編纂概要が書かれており、それによれば、この書物は慶長八年（一六〇三年）徳川家康が征夷大将軍に就いた日より慶応三年（一八六七年）徳川慶喜が大政を奉還するまでの二六五年間の財政にかかわる諸規則を収集してその沿革の概要をまとめたものであるとする。同時に、徳川の財政は常に秘匿されてきており、そのため幕府時代における多くの担当者が所蔵する資料や記憶に依拠して探求したが、事実のすべてを知ることは不可能であったともいう。

この書物の全貌をここで紹介することは到底不可能であり、また本書の目的でもないので、ここではその構成を掲げるにとどめることとする。

第一門　職務
　巻一　勘定所職制ノ部（第一）職目
　巻二　勘定所職制ノ部（第二）
　巻三　地方官職制ノ部（第一）
　巻四　地方官職制ノ部（第二）
第二門　歳入
　巻五　地租ノ部（第一・第二）
　巻六　雑収ノ部（第一・第二）
　巻七　献納ノ部（第一）
第三門　歳出
　巻八　封禄之部
　巻九　職俸之部
　巻十　経費之部（第一・第二）

巻二十九　郵駅ノ部
巻三十　道路ノ部
巻三十一　戸口ノ部
巻三十二　船舶之部
巻三十三　物産ノ部
巻三十四　醸造ノ部
第六門　営業
巻三十五　商業之部（第一・第二）
巻三十六　工業ノ部（第一・第二）
巻三十七　業
第七門　外国通商
巻三十八　支那之部
阿蘭陀国之部
外国通商総規之部
徳川理財会要分註表
徳川理財会要引用書目並参考書目
（筆者注　「〇〇ノ部」の記載には「ノ」と「之」との表記が混在している）

〝徳川家の家計〟としての会計

幕府時代の財政は民主主義の手続きに基づく収入や支出でないことは当然であるが、その一端を示す興味深い記述がある。「第二門　歳入」における「献納ノ部」には「冠義ノ部」や「婚姻ノ部」があり、正徳三年（一七一三年）、第七代将軍家継の元服にさいして、各大名からその石高に応じた祝賀の品物を、また、享保一六年（一七三一年）、第九代将軍家重の婚儀にさいしても各大名から同様の祝賀の品物を献進させたという記録が見られる。それ以外にも将軍家の出産や色直（産着から普通の着衣に換えた祝い）にも祝賀の品物を献納させている。あるいは、次のような記述もある。「第三門　歳出」における「経費之部（第二）」の「御台所給費」には、寛政元年（一七八九年）、将軍の正室への支給金を減額した旨、一〇年後にはそれを復旧した旨が記載され、まだ大名に準ずる位にある将軍の嫡子への給費、さらに将軍の側室への給費も記載されている。

厚遇された『吹塵録』

江戸時代の財政に関する資料を編纂した書には前述の『会要』の他にも勝海舟による『吹塵録』（初版、明治二三年、全三五冊、余録一〇冊）がある。いま手許にあるのは、明治百年叢書として刊行された『吹塵録（上巻）復刻原本＝海舟全集第三巻』、『吹塵録（下巻）復刻原本＝海舟全集第四巻』および『吹塵余録復刻原本＝海舟全集第五巻』（いずれも原書房　昭和四三年）であるが、上巻が全七二二ページ、下巻が全四三〇ページ、余録が全四一六ページというこれまた大冊である。冒頭の「解説」によれば、この書物は明治二〇年勝海舟が時の大蔵大臣松方正義の依頼により、旧幕府時代の財政に関与した古老を集め、自ら編集の責任者となって資料を編纂したものであるという。また、この書を刊行した当時の大蔵省によれば、これまで幕府の財政の実情を記した書物がなく苦心してきたが、勝伯（勝海舟）に相談して編集を依頼した、記述の内容は詳細かつ明確であり並の書物ではない、そこで、今後のためにこれを刊行するとの弁が明治二三年官房名をもって記されている。

興味深いことには、前述の『会要』にもこの『吹塵録』にも松方正義が深く関与している。前者については其の基礎となった『原書』を不完全であると酷評して刊行を許さなかったのに対し、後者に対してはきわめて高い評価を与え絶賛している。こうしたところを見ても、当時における政権内部のさまざまな勢力関係を髣髴とさせる。松方の残した書簡等膨大な史料が『松方正義関係文書』[11]に収載されており、そのなかにこれら二つの書物の評価や取り扱いに関する記述が含まれていればなお興味深いのであるが、通覧しても残念ながらそうした内容は全く見当たらない。ともあれ、いずれも貴重な史料であることに違いはない。

『吹塵録』の概要

ここでもその構成のみを掲げておきたい。

皇室之部
地域及田制之部
国郡之部
治体之部

人口及国高之部
治水之部（上・下）
米穀之部
軍役之部
諸侯之部
貨幣之部（一～十二）
貨幣拾遺及金銀銅朱之部
斗量及権衡之部
（以上上巻）
外国通商之部
鉱山之部（上・下）
徳川氏之部（一～七）
社寺之部
各地方之部（一～三）
雑載之部
皇室追加之部
（以上下巻）

江戸時代、〝公〟会計は存在しなかった？

『会要』と同様、『吹塵録』でも幕府から皇室への支出金が記載され、天皇家にはその直轄の所領による収入以外にもこうした収入があったことがわかる。いずれの記録においても皇室、寺社、地方などと並んで「徳川氏之部」が設けられていることの意味は、幕府の体制と財政が〝徳川家の家計〟ともいえる私的側面と強く結びついたものであったことを読み取ることができる。つまり、もともと徳川政権が民主主義に基づく社会制度のなかで正当な手続きによって形成されたものではなく、そこでの所有関係は本質的に〝おおやけ〟のものではなかったのである。このことは、諸外国における封建領主や絶対王政の時代の公会計を考察する場合にも通ずる。

『吹塵録』にみる勘定帳

ところで、『吹塵録』には、代官所・預所および幕府の各役所から提出された勘定帳を総計して作成された「御払方御勘定帳」すなわち総収支決算の例が収載されている。こうした勘定帳について勝海舟が解説を加えており、それによれば、地方勘定帳では収納した米金等から直接支出したものを控除し、幕府の米蔵および金蔵に納付した剰余総額を示したという。幕府の勝手方勘定帳には米類と金銀類が分けて記録される。その事例として「弘化元辰年大豆納払御勘定帳」、「天保一四卯年金銀納払御勘定帳」その他が掲げられている。この勘定帳は『吹塵録』における「徳川氏之部」の一部であり、前者の帳簿には「諸向納方」として米、大豆、菜種、藍等の納付が物量で表示され、他方、「払方」として奥向の支出（御合力米）が米の石高で表示されるとともに、「差引」が種類別に物量で表示されている。また、後者の帳簿では、「諸向納方」として金、大判、銀、灰吹銀等が種類別に金額表示される。「払方」のなかには奥向の支出（御合力金）として「金三千両」などという表示もある。これらは年度が離れているため、二つの帳簿の関連や意味を知ることは難しく、また、天保一四年（一八四三年）の勘定帳からは江戸幕府全体の財政を知ることはできない。しかし、『会要』や『吹塵録』でも入手できなかったという「徳川宗家文書」（徳川林政史研究所保管）における「文久元酉年米納払御勘定帳」および「文久元酉年金銀納払御勘定帳」[12]には、その年（一八六一年）における江戸幕府全体の収支がわかるような表示もある。

江戸幕府の収支計算書

江戸幕府の会計制度における主要な帳簿に勘定帳があることは前に述べた通りであるが、財政史研究[13]によれば、それは地方（じかた）勘定帳および御金蔵（おかねぐら）勘定帳の二種類から構成されていたという。前者が米などの穀物の石高による物量計算書、後者が大判や金銀などの貨幣による金銭計算書を意味することとなるが、いずれもまぎれもない収支計算書なのである。そこではそれぞれの収支の合計とその差引計算が示される。つまり、単に金銭計算書が作成されるだけではなく、物量計算書もあわせたデュアル・システムがとられていたことがわかる。その概要は次のように整理できる。

米その他穀物……物量計算 ］地方勘定帳

貨幣 ｛ 金……金銭計算 ／ 銀……物量計算 ／ 銭……金銭計算 ｝ 御金蔵勘定帳

貨幣といっても、江戸時代には金、銀および銭の三貨制がとられており、とくに銀の場合にはその量目で取引されるという秤量貨幣であったため、穀物の計算だけではなく貨幣にかかわる計算のなかにも部分的に物量計算の性格を合わせもっていた。同時に、これら勘定帳は決算書を作成するための最も重要な計算書として位置づけられていたのである。

江戸幕府の帳簿作成とその吟味

江戸幕府の財政にとって重要なのは、年貢米や金銀等の収納が遠隔地の代官所・預所で間違いなく行われていたかということであった。年貢が割付の通り収納されなければ、幕府財政が立ちゆかないのは当然であり、幕府からすれば大きな関心事である。従って、郡代や代官の業務についての監視も重要な意味をもっていた。詳細かつ膨大な『会要』を見ていくと、勘定吟味役に関する職制の変更や注意を喚起する記述がしばしば出てくるのも納得できる。そうした観点から、代官等の懈怠を含め、年貢の徴収を監督するのは老中直属の勘定吟味役の職務とされたが、代官等が不正を働いたことが訴えなどによって明らかになっていない限り、現代ふうにいえば実態監査なるものが行われることはなかったようである。もちろん年貢米や金銀の収納を記録してまとめられた勘定帳の重要性も言を俟たず、勘定所は全国のそれをまとめる作業も負っていた。つまり、当時の勘定所にあっては、監査のみならず決算書を作成することも職務のひとつであり、監査機能と会計機能の一部とが一体化されていたということになる。

具体的に江戸幕府における会計と監査がどのように行われていたのであろうか。いま、その手続きを前出の財政史研究に依拠してまとめれば概略次のようになる。

［代官所・預所の任務（会計）］　　［勘定所の任務（監査）］

（下勘定所帳面方組頭に提出）――（勘定所に提出）

「勘定帳下帳」、**「金銀納札帳」「前年増減差引書」**――**当証文・置証文との照合**（代官所より手代出頭）

←（老中出席、勘定奉行・吟味役・組頭待座）

（勘定所に提出）**「勘定帳本紙」**――**地方物勘定**（代官出頭）

←**勘定奉行・勘定吟味役・組頭の連名奥書、老中・勝手掛・若年寄奥印**

「御代官並御預所御物成納払勘定帳」（決算書）の作成

（筆者注　太字は帳簿の種類と監査手続）

江戸幕府勘定所

ついでながら、江戸幕府における勘定所について触れておこう。幕府における行政の中枢にあった三奉行（寺社奉行、町奉行および勘定奉行）のうち、財政全般を取り扱う最高職制が勘定奉行であり、その職務内容は三奉行のなかでも最も大きいものであった。幕府の財政基盤である広大な直轄領（御料所・天領）

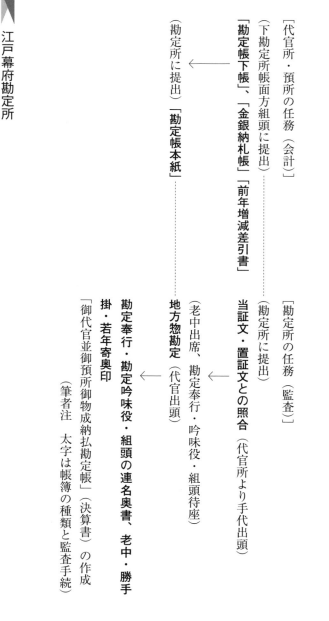

も配下の郡代や代官による管理を通じて勘定奉行が統括し、領民の訴えも裁断していた。また、勘定奉行に次ぐ職制にあったのが勘定吟味役である。開府百年余の後には訴訟の件数も多くなり、訴訟や民事を司る公事方と財政や地方の経済を司る勝手方の二つに職務が分けられた。こうした勘定所の職制を記録した文書『会計便覧』が現存している。もともと天保一一年（一八四〇年）初めに出版されたものが最初のものであるとされ[14]、そこには勘定所役人の氏名や職務名・居住地などが詳細に記載されている。この史料からは、現在のところ、断続的ながら安政六年（一八五九年）までの存在がわかっている[15]。この史料からは職制の推移を把握することによって、初期の側近政治と軍事体制から「封建官僚体制」に移行していった江戸幕府における統治体制の本質的変化が読み取れるという[16]。さらに、実務組織として次第にその完成度が高められていったことも明らかとなる。しかしながら、この文書名から想起される内容とは異なって、ここでの最大の関心事である会計制度やその組織については全く触れられていない。

財政逼迫と「建言」騒動

さて、時代は江戸から明治に移る。これまで述べたように、江戸幕府における会計制度は明らかになっていない部分が少なくないが、明治維新後それはどのように形成されていったのであろうか。

まず、成立したばかりの明治政府にとって大きな気がかりのひとつは財政状況であった。その財政問題がとりわけ衝撃的な事件として提起されたのが明治六年五月七日の当時大蔵大輔井上馨と大蔵省三等出仕渋沢栄一による「建言」である。これは当時の財政がいかに逼迫しているかを財政当局の高官であるこれら二人がイギリス人の経営する新聞『日新眞事誌』（五月一〇日付）に発表したものである[17]。その要点は、歳入総額四千万円に対して経常費は五千万円となり一千万円の不足を生ずるのみならず、明治維新以来急を要する支出が毎年一千万円を超えるとともに、さらに、明治政府および旧藩からの負債に加えて外国からの負債もあり、その額は一億四千万円に達するというものである。しかも、その償還については目途がついていないともいう。このことに十分な注意が払われておらず、このような状況で国民はどうして安心できようかというのである。

ついでながら、この「建言」の前日の日付で渋沢が参議大隈重信にかなり長文の書簡を送り、大隈に恐縮の意を述べつつ経緯の説明をしているが、同時に、政府のやり方に不満も漏らしている。それは、直前の五月二日、政府は太政官職制章程を改正し大蔵省の権限を削減すると同時に太政官の権限を増大させた問題である。確かに、当時の大蔵省は地方官を監督下に置き、財政、行政および司法の三権を一手に掌握するという強大なものであり、井上と渋沢が集中攻撃を受けていたという事情もあった。このような当時の大蔵省のもつ権限の大きさは、まさに前述した江戸幕府の勘定所における権限の集中そのもので、そこには前政治体制の残渣のごときものが見られる。しかし、この騒動の背景には財政逼迫についての問題提起ばかりでなく、それには当時の政権内ないし政府高官の間のさまざまな軋轢が影響している。渋沢の書簡は、「建言」とともに、『大隈重信関係文書　二』[18]に全文が収載されている。当時の関係者の書簡には、歴史の裏面といったものも記録されており、人間関係の側面をとってみても面白い。また、『明治財政史』（初版、明治三七年・明治三八年）にも、大きな権限を持ちつつあった当時の大蔵省のなかで、大蔵卿大久保利通が岩倉使節団に随行して留守をしている間に、井上が事務を専行して渋沢とともにこのようなとんでもないものを出したとの記述がある。

大隈重信と岩倉使節団

ところで、このできごとが発生したのは、諸外国との不平等条約の改正のための予備交渉、先進諸国の制度や文物の見聞と調査を行うため、いわゆる岩倉使節団が米国、欧州に派遣されているさなかのことであった。つまり、特命全権大使の岩倉具視はじめ、参議木戸孝允、大蔵卿大久保利通、工部大輔伊藤博文等が長期間にわたって不在となっているときのことであり、西郷隆盛、板垣退助らとともにその留守を預かっていたのが大隈重信らであった。この使節団は明治四年一一月一二日から明治六年九月一三日まで、総員四六名、実に六三二日にもわたるもので、わが国外交史における異例の使節である。これについて、大隈は後年自らの半生を述懐した『大隈伯昔日譚』（明治二八年）のなかで、当時味わった悔しい思いを吐露している。それによれば、もともとこの使節団の派遣は自分が言い出したもので、当然自分も同行するつもりであったが、留守政府の責任を負うことになってしまったという。その忍従の期間に起きたのが「建言」騒動と「歳入出見込会計表」づくりであったというわけである。

わが国最初の予算書「歳入出見込会計表」

「建言」によって当時の財政が万全でないという事実が一般に知れ渡るに及んで、政府の内外、国の内外を問わず大きな議論となり、政府はその信用を維持するため対応を迫られることとなった。そのひとつが三条実美の指示に基づき大隈重信が作成した「歳入出見込会計表」で、明治六年の財政について歳入の部と歳出の部に分けたうえで、それぞれ項目別・省庁別にすべての歳入と歳出の金額を一覧式に表示したものである。それが「建言」と同じ『日新眞事誌』に六月一三日付で発表されたのである[19]。それによれば、井上と渋沢による「建言」はもともと国を憂いて提出したものではあるが、それにしてもその言い分は度が過ぎているというわけである。まず、「建言」は米一石を二円七五銭として積算しているがそれは低すぎる、廃藩置県に要した費用は一時的なもので算入すべきではない、負債の金額も過大であり、歳入が一千万円も不足するというのは事実とは異なるとして具体的に反論を展開している。そのうえで、これまで課税額のうち実際には未納あるいは延納等によって当初の計上額を満たすことができないという問題は確かにあったが、十分な監督を行うことによってそうした問題は解消できると考えられるため、歳入は増加することはあっても減少することはないともいう。また、歳出も前年の科目に基づいて計上しており、従って、今後も大きな相違はないと考えられるが、経常的な費用については冗費を抑制することによって減ずることが可能であるとする。つまり、全体として歳入が歳出を補償できないということはあり得ないというのである。後に、「明治一四年の政変」によって下野した大隈を擁護する立場から『大隈君財政要覧―附大隈君小伝並退職始末―』[20]が出版されているが、これによって当時の財政を改めて見ると、「歳入出見込会計表」の主張点は間違っていないものの、「建言」が問題にした明治五年は、実際に、五千万円余の歳入に対し、歳出は五千七百万円余となり七百万円余の赤字を計上している。

ところで、この「歳入出見込会計表」はいわゆる予算書の性格をもつものではないが、提出を受けた太政大臣も述べているように、財政を管理するには大変有用なものであるとして以後毎年作成することとなったという。そうしたところから、この計算表をもってわが国における〝最初の予算書〟とする説もある[21]。なお、『日新眞事誌』は実質的に当時の官報の役割ももっており、それぞれの詳細とともに、当時の新聞記事の内容やその雰囲気も知ることができる興味深い史料である。いずれにしても、井上と渋沢の「建言」は政府によって直ちに却下されはしたが、わが国の財政とその制度の発展のために予想外の働きをしたという評価も不可能ではない。

明治初期には幕府時代の帳簿様式を踏襲

江戸時代の最終盤には幕府から欧米に使節団や留学生が何度も派遣され、また、当時の長州や薩摩からも留学生が英国に派遣されたことはよく知られるところである。また新政府からも多くの留学生が派遣されるようになり、先進諸国の制度を模範としてわが国の近代化は急速に進むこととなった。

そうした状況のなかで、われわれが関心をもつ公会計制度はどうであったのだろうか。まず、前掲の『明治財政史』を改めて見てみよう。これは別名「松方伯財政事歴」、さらに、〝松方の功績を賞賛するために編纂されたもの〟などと揶揄されることもあるが、やはり、明治財政史に関する最も優れた資料のひとつでありその名に恥じない。その「第三編　会計法規」の「第一章　総説」を見ると、明治初年には会計規定が未整備であったため、従来の慣例と当局者の判断によって収支の処理を行ったことが述べられている。要するに、江戸幕府で用いられていた勘定帳様式が明治になってからも用いられたということである。この勘定帳には収入と支出とその差額が大分類ごとに記載されており、こうした記録法はきわめて自然な発想に基づくもので、おそらく時空を超えて行われてきた計算方法であると考えられる。それどころか、実は、平成の現行制度ですら法的にはそうした素朴な発想の現金収支計算が骨格となっているというのは、よくよく考えてみれば驚くべき事実ではある。このように明治になったとはいえ、新しい会計制度が全く整っていなかった当時としては、伝統的な勘定帳の方法がそのまま用いられたのは当然であった。興味深いのは「勘定帳」という名称までもがそのまま用いられたことである。実際、それは少なくとも明治一四年までは続いていたが、当時にあってはいくつかの会計規定が外国の制度を模範として整備されてきた時期でもあった。

江戸幕府の時代が終焉して政体の大転換が行われ、政権としての実体が未熟ななかで、早くも明治二年には財政所管官庁として大蔵省が設置されている。さらに同年には明治における最初の会計規定が制定され、この頃から外国の制度研究を基礎に公会計に関する規定の制定がいよいよ本格化して行く。まず、それらの法令制定の沿革を概観しておきたい。

明治二年　大蔵省の設置
　　　　　出納司規則書〈金銭出納についての取扱心得〉
明治六年　金穀出納順序〈日計簿と金穀受払帳を中心とする帳簿組織〉
明治七年　金穀出納取扱順序〈会計年度独立を規定〉

明治九年	大蔵省出納条例〈「収入」と「歳入」、「支出」と「歳出」のそれぞれの概念上の区別、「フックキービンク」の用語使用〉
明治一一年	大蔵省達乙第五五号計算簿記条例〈各庁金銭の出納の記帳はすべて複記法、アラビア数字の使用を規定〉
明治一三年	会計検査院の設置
明治一四年	太政官達乙三三号会計法〈フランス会計法の強い影響〉
明治一五年	太政官達乙五号会計法〈現行制度の原型〉
	大蔵省達乙第二九号改正簿記組織例言〈帳簿記入の手続き改良〉
明治一七年	経費金支出条規
明治一八年	歳入歳出予算条規〈予算書作成方法の厳格化〉
	国庫金計算記簿規則〈国庫金出納に関する大蔵省主計局の帳簿規則〉
明治一九年	歳入歳出金出納規則〈「金庫」に関する規定を明文化〉
	各庁歳入歳出計算記簿規定〈複式簿記による帳簿様式の明確化〉
明治二二年	明治憲法
	明治会計法〈現行制度の基盤形成〉

このように、諸外国の制度についての精力的な研究によって、わが国における公会計制度の法的枠組は、明治初年のほとんど皆無の状態から約二〇年間で、当時世界最先端ともいえる完成度にまで達したのである。

西洋簿記法の学習

明治になるとまず商人のための簿記が外国から紹介されはじめた。例えば、国立銀行条例の制定（明治五年）とともに、スコットランド人のアラン・シャンドによって『銀行簿記精法』（明治六年）が執筆され、政府はその銀行簿記を大蔵省紙幣寮で教授させている。また、福沢諭吉が渡米したおりに購入し翻訳した『帳合之法』はつとに知られている。これは初編（明治六年）と二編（明治七年）とに分けられており、初編が単式簿記、二編が複式簿記である。こうしてわが国でも西洋式の簿記法が知られ、その普及が少しずつ進められていった。

さて、公会計制度の法的な整備の状況は前述の通りであるが、さらに個別の会計規定はどのような内容をもっていたのかを見てみよう。

明治六年に制定された金穀出納順序では、日々の取引記入がまず日計簿に行われ、次に費目別の出納記入が金穀受払帳に行われることとなった。注目されるのは、別途追算簿および差継簿と呼ばれる帳簿が開設されており、それらのなかで期中の取引の修正と年度末調整が行われたことである。これによって金銭の収支と経費とは意味が異なることをすでに認識していたと解することができる。

大蔵省における複式簿記の導入 ―「フックキービンク」の適用―

さらに重要なのは、明治九年に制定された大蔵省出納条例である。その第三四条には「凡ソ計算ニ関スル帳簿並記載法ハ総テ〈フックキービンク〉ニ従ヒ之カ規則ヲ立ツヘシ私ニ之ヲ改竄スルヲ得ス」と規定されている。問題はこの「フックキーピング」であるが、結論から先にいえばもちろん「ブックキーピング」であり、しかもその内容は複式簿記にほかならない。現在でもわが国の法令に外国語がカタカナ書きで表記されることはきわめて少ないが、ましてや明治のかなり早い段階のことであることを考慮すると、この規定の表記は異例中の異例といってよい。この条例が定められた経緯の詳細については筆者前掲書『明治国づくりのなかの公会計』に譲るが、ごく簡単にいえばこうである。まずここでも大隈重信が大きく関与している。大蔵省ではシャンドらによって簿記の指導を受け次第に習熟してきたことから、記帳についてては明治八年一一月に太政大臣の許可を得て順次その方法の導入に着手してきた。そこで、記帳法を中心として出納に関する規則を定め、明治九年より施行してもらいたい、という大蔵卿大隈重信の要請に基づいて正式に制定されたのがこの条例である。その結果、明治九年七月一日より大蔵省の会計帳簿はすべてこの簿記法に換えることとなった。

わが国公会計における複式簿記の時代

こうした大蔵省における「複式簿記」の経験を踏まえて大隈はさらに次の行動に進む。大隈から太政大臣三条実美宛提出された「複式簿記法ノ儀ニ付伺」（明治一一年八月二九日）がそれであるが、「複式簿記」は実にうまくできているので、会計を行うには必須のものとしてすべての省で用いるようにしてもらいたいというのである。大隈のこうした複式簿記の推奨とその導入実現の努力によって制定されたのが明治一一年一一月八日の大蔵省達乙第五五号計算簿記条例であり、その第一条には「各庁金銭ノ出納計算ハ総テ複記法ニ拠テ帳簿へ記入スヘシ」として複式簿記の導入が明文化されたのである。これによって、複式簿記への移行については、その簿記法をすでに習熟している官庁はただちに実施し、そうでない官庁は明治一二年七月より移行することが決定され、記帳にはアラビア数字を用いること、および、貸借の表記を用いて左右に対照記入することが定められた。最終的に、わが国における「複式簿記の時代」は、残念ながら明治一二年から同二二年までの約十年という短命に終わったが、当時の複式簿記導入はわが公会計史上まさに画期的なできごとであったといってよい。

注

1 濱田弘作著『会計史研究序説―近代英国会計発達の黎明』、多賀出版　昭和五八年参照。
2 ジェイコブ・ソール著／村井章子訳『帳簿の世界史』、文藝春秋　平成二七年参照。
3 ソール／村井　前掲書参照。
4 ソール／村井　前掲書参照。
5 ソール／村井　前掲書参照。
6 フランス会計検査院／小川一哉訳「フランス会計検査院史(2)～(5)」、『月報　会計検査院』第一〇四号（昭和三四年二月）～第一〇七号（昭和三四年五月）参照。
7 村上直稿「江戸幕府代官史料の性格」、『法政史学』第三八巻（昭和六一年三月）参照。
8 保坂裕興稿「村方騒動と文書の作成・管理システム―武蔵国秩父郡上名栗村を事例として―」、『学習院大学史料館紀要』第六号（平成三年三月）。

9　白東社　昭和七年。
10　復刻版　財政経済史料研究室・芸林舎　昭和四七年。
11　大東文化大学東京研究所刊、第六巻（昭和六〇年）～第九巻（昭和六三年）。
12　飯島千明著『江戸幕府財政の研究』、吉川弘文館　平成一六年に言及されている。
13　例えば、大野瑞男著『江戸幕府財政史論』、吉川弘文館　平成八年参照。
14　村上直・馬場憲一編『江戸幕府勘定所史料―会計便覧―』、吉川弘文館　昭和六一年。
15　村上・馬場　前掲書参照。
16　村上・馬場　前掲書参照。
17　同新聞と「建言」の原文については、亀井孝文著『明治国づくりのなかの公会計』、白桃書房　平成一八年参照。
18　日本史籍協会編、東京大学出版会発行　昭和八年（昭和四五年復刻）。
19　亀井前掲書参照。
20　木瀧清類編纂、東京書肆　明治一四年。
21　例えば、池田浩太郎稿「明治における官金取扱の財政的意義」、『成城大学経済研究』第一四号（昭和三六年一一月）参照。

第二章　公会計制度の創設　―明治は面白い―

わが国における現行の公会計制度は明治の近代化政策に始まる。そのための法制をフランスに範をとり、実務にはドイツの方法を採り入れた。その制度形成の背景には、明治政府のなかの複雑かつ激しい政治的権力の葛藤が垣間見える。

エネルギーほとばしる明治

第一章では江戸幕府における公会計とともに、明治初期に公会計制度が形成されていく過程について述べた。また、新政府は東京遷都を実行し、早くも明治二年に大蔵省を開設したこともすでに言及したところである。この官庁は新政府成立後の金穀出納所、会計官を引き継ぐもので、権限の範囲も現代から見れば体系化されたものとはいい難いものであったが、それにしても官制整備の早さには驚くべきものがある。根底的な体制変換の後、ほとんど徒手空拳といったなかで諸外国の制度に倣って、文字通り近代国家としての国づくりが進められていった。もちろん制度の面だけではなく、鉄道敷設をはじめさまざまな技術導入も精力的に進められていった。こうした能力とエネルギーがわが国でもともとどのように蓄積されていたのか、また、なぜこれほどの早さで歴史的改革を進めることができたのかなど興味は尽きない。

公会計におけるフランスの影響の始まり

さて、明治になって約一〇年が経過し、欧米先進国についていっそう多くの情報がもたらされるようになってきた頃、わが国は幕末に続いて再びパリ万国博覧会（一八七八年）に参加している。おりしも大蔵大輔の松方正義が、明治一〇年とさらに翌年は三月から一二月まで、パリ万博への出張を兼ねてフランスおよび近隣の国々を訪れ、中央銀行の開設についても重要な示唆を得ていた。他方では、松方のフランスへの接近は、どうやらわが国がフランス公会計を視野に入れ始める大きなきっかけとなったのではないかと考えられる。しかし、それはなお江戸幕府時代における会計のなごりを留めながら、新しい公会計制度形成に向けて、まさに大蔵卿（現在の財務大臣）の地位にあった大隈重信が全官庁における複式簿記導入を推進している頃のことである。しかも、松方の出身地薩摩は長州とともに、敢えていえば親イギリスの立場であり、そうした素地をもつ松方がかつて幕府を支援したフランスに傾倒していく状況は興味深い。

近代的公会計制度創設の詳細については筆者自身の『明治国づくりのなかの公会計』に譲るが、ここでは、以前取り扱わなかった史料や後になって刊行されたものも参照している。また、何よりも、公会計にいったん採用された複式簿記が、明治会計法（明治二二年）に至ってなぜ突如として廃止されてしまったのかに大きな関心を向けている。明治会計法にはさまざまな人物が関与しているが、複式簿記導入に尽力した大隈に対して、まずは松方の存在が看過できない。このように公会計制度の形成においても、水面下ではその準拠国をめぐって政府中枢でさまざまな駆け引きが行われたことが想像される。目くるめく時代の展開したこの明治はともかくも面白い。

松方正義のパリ滞在

松方はパリ滞在中にかなり長文の手紙を何通か大隈に送っている。内容は万博への出展のこと、あるいは条約改正のこと、さらには地租改正のことなど政治や職務にかかわることがほぼすべてを占めている[1]。ここまでは両者の間にさしたる問題はなかったが、その後、明治一三年五月、太政官札、あるいは国立銀行条例によって設立されたさまざまな銀行で乱発された紙幣の消却のために、外債を発行する案を打ち出した大隈に対し、松方は反対の意を唱え両者は対立することになる。しかし、その直後にも松方は別の用件で大隈に何回かの手紙を送っているが、それを見る限り両者の対立関係は微塵も感じさせない。その後、佐野常民の大蔵卿就任を挟み、「明治一四年の政変」で大隈が失脚するや、松方が大蔵卿に就任する。フランスで得た知識を参考にしながら、ここからいよいよ〝松方財政の時代〟が始まることとなる。松方は手始めにまず日本銀行設立の準備に入っている。その設立と日本銀行券の発行によって紙幣整理を行うとともに、それまで三井銀行に任せていた公金の出納管理業務すなわち為替方制度を廃止した。また、税制改革、政府予算の圧縮など次々に政策を実行していった。

松方の「パリ滞在」は、『明治財政史』（本書第一章でも取り扱った）にも書かれているように、フランスの財政学者から得た知見が、その後の大蔵卿・大蔵大臣、さらに総理大臣としての財政政策に大きな影響を与えている。その政策についてはあまたの研究成果に譲るとして、ここでのわれわれの関心は、まさにこの時期とぴったり軌を一にして展開される新しい公会計制度である。

明治一四年会計法

公会計に関する法的枠組みの整備の一環として太政官達乙三三号会計法（明治一四年会計法）が制定されたのであるが、それは「明治一四年の政変」の約半年前の四月であり、なお大隈の構想通り複式簿記導入論に沿ったものとなっている。もともとこの法律はフランス会計法（一八六二年ナポレオン三世勅令）の影響を強く受けたものであると同時に、明治会計法（明治二二年）の制定に重要な影響を与えたともいわれる。そのフランス会計法は出納の命令と執行の職務を分離するという基本原則をおき、公金の管理を行う機関としての固有の金庫制度がこの基本原則を支えている。その命令官には複式簿記の適用が指示され、また、執行を担当する支払官にも同様に複式簿記が義務づけられている。それに倣った明治一四年会計法第二一条第一文では「凡ソ出納ノ記簿ハ複記法ヲ用フヘシ」と規定されている。ちなみに、ドイツではそうした独立金庫制における職能分離を記帳法にまで取り入れたものが固有の「カメラル簿記」なのである。このように、大隈が押し進めてきた公会計における複式簿記適用が法的にも整備されると同時に、公会計全体の法制化のために、先進諸外国とりわけフランスの制度研究が並行して進められていた。この法律は明治会計法の制定、さらには、その後のわが国の現在に至る公会計制度の基礎を形成したものとして重要な意味をもっている。

「財政」のいい換えとしての「会計」

江戸幕府の時代が終わり明治政府が発足した当初はなお米による納税も多く、実際、明治六年に制定された金穀出納順序もまさにそれを前提にした規則であった。このような状態から、やがて公金の管理とその帳簿記入の手段として複式簿記導入の段階に進むとともに、さらに、公会計全体の法制が整えられていった。こうして見ると公会計制度の整備は一見きわめて順調に見えるが、大隈大蔵卿の時代から松方大蔵卿・大蔵大臣の時代に移り水面下では大きな転換が進行していた。その終着点が明治会計法である。この明治会計法は明治憲法の発布にあわせその付属法として構想されたものである。

当時、どの国のどのような理論や制度を模範にしてわが国の近代化を進めるべきかという基本方針をめぐって政府中枢にはイギリス派、フランス派、ドイツ派等さまざまな意見とそのぶつかり合い、さらには主導権争いがあり、それは公武、藩閥、外国への渡航経験または留学経験、あるいは個人的考えの相違などが絡み複雑な様相を呈していた。しかし、そうしたなかで岩倉使節団として直接欧米事情を見聞した政府関係者は急進主義よりも漸進主義による国家形成を確信したといわれる。彼らはプロイセン訪問によってビスマルクと面談してその考え方に傾倒し、「新たに国家を経営するは彼の如くならざるべからず」と考えるに至った。こうした結果のひとつが一八五〇年プロイセン憲法に範をとった明治憲法の制定だったのである。いまそのなかでわれわれの最も大きな関心の対象である収入および支出の予算書計上を定めた箇所がプロイセン憲法の第九九条である。この条文は同憲法の第八章に入れられているが、問題はその章の表題である。ドイツ語の原文は「財政（Finanzeen）」であるが、井上毅の翻訳ではこれに「会計」の用語が当てられている。実は、この翻訳作業には驚くべき深謀遠慮が秘められている。ちなみに、その条文の筆者訳は次の通りである。

　第九九条　国のすべての収入および支出は、これを、毎年度予め見積もり国の予算書に計上しなければならない。
　この予算書は毎年度法律によって確定されるものとする。

プロイセン憲法の条文は、国の財源と使途が別個に取り扱われることなくそれぞれ一元化されるべきこと、さらに、それらがあらかじめ予算としてひとつの計算書に統合され、予算法として確定されるべきことを求めたものである。

立法権と行政権のはざまの「会計」

このような内容をもつ条文の表題をもともとの「財政」ではなく「会計」と訳したのは、単に訳語の選択の問題などではなく、考え抜かれたある意図によるものである。ましてや誤訳などでは決してない。岩倉使節団がプロイセンを訪問した当時はビスマルクによってドイツが統一された直後であり、その訪問時に使節団が示唆を受けたのが「プロイセン憲法闘争」の原因となった経験である。これは、ドイツ統一に至る近隣諸国との戦争のための軍事費を含む予算決定権の問題で、当時の憲法に上下両院での不一致の場合の定めがないことを理由に、ビスマルクが政府による予算の決定を主張したことに端を発した憲法解釈論争である。この論争は複雑な法理をもっているが、簡単にいえば、議会にあまり大きな予算審議権を与えず、できるだけ行政権の範疇に含めた方が為政者にとっては好都合であるというのがその示唆の内容なのである。こうしたプロイセン政府の対応を背景として、明治憲法ではその第六章の表題をロェスラーによって作成された憲法草案の「財政」ではなく、井上の訳の通り「会計」に変更したのである。その狙いは、「財政」という国の経済の根本を表す用語ではなく、単に行政手続的な印象を与える「会計」という用語を用いることによって、予算編成の実質を立法府よりも行政府の側に近づけておこうというわけである。いいかえれば、明治政府は、プロイセン憲法が規定した財政の統合的管理の原則規定を歳入歳出に関する単なる〝取り扱い規定〟に置き換えたのである。このような事情をも含みながらプロイセン憲法が明治憲法に取り入れられた。ここにわが国の予算案が現行制度に至るまで法案として審議されないという由来の一部が見られるのであるが、ことの是非は措くとしても、このような財政制度の形成は明治政府の実に巧妙な方策だったのである。

近代化をめぐるイギリス派とドイツ派とフランス派

ところが、その付属法として定められた明治会計法となると憲法の場合とはかなり様相を異にする。憲法についてはプロイセンのそれを調査し模範としたのであるが、公会計に関する法体系の整備のためにはフランスをはじめベルギー、イタリア、イギリス等の制度を調査している。なぜならば、当時公会計に関しては、憲法制定に範をとったプロイセンですらもまだ成文法としての会計法を持っていなかったからである。その国家予算法が成立したのは一八九八年のことであり、さらに、世界的にも画期的予算法として賞賛されたというドイツ国予算法に至っては、その制定が一九二二年であることを念頭におけば、フランスの制度形成がいかに早かったかがわかる。

もともとフランスは各種の法体系の制定については国際的にも先進性をもっており、例えばルイ一四世による「フランス商事王令」（一六七三年）は、「プロイセン国家共通法」（一七九四年）、「フランス商事法典」（一八〇七年）等に引き継がれ、やがて「共通ドイツ商法典」（一八六一年）に大きな影響をもたらしている。ついでながら、これを範として制定されたのがわが国明治における商法（明治二三年・明治三二年）であり、現行の会社法につながっている。

公会計の領域でも同じことがいえる。つまり、わが国が近代化の急務に直面している一九世紀後半にあって、制度形成の範たり得る国が最終的にフランスの制度であったというわけである。その模範となった法律が、王政に復帰したルイ一八世治世後の公会計法（一八三八年五月三一日）を基礎にして制定されたフランス会計法（ナポレオン三世勅令、一八六二年五月三一日）である。

このように、イギリス型の議院内閣制を提唱した大隈らのイギリス派、プロイセン型の憲法を打ち出した井上毅らのドイツ派に対し、財政制度や公会計制度の法制化については松方らフランス派の意見が大きな影響力をもったものと考えられる。とはいえ、公会計の実務面となるとドイツの影響が見られ、話は単純ではない。

「フランス会計法」の構成と特徴

明治政府が制度づくりの模範とした一八六二年フランス会計法については、明治二〇年、当時の大蔵省報告課により『仏国会計法』の表題で翻訳がなされており、その構成は「第一章　総則」、「第二章　立法会計」、「第三章　行政会計」、「第四章　裁判会計及ヒ会計検査院ノ監査」、「第五章　特別会計」および「第六章　物品会計」からなる全八八三箇条という膨大な内容となっている。すべての章の表題に「会計」が使用されており、そのなかで予算および決算、収入および支出、それらの記帳法に関する制度等の広範な内容が取り扱われている。「第一章　総則」の第一条では「公金の会計」が定められ、「公金」、「公金の会計」、「管理」、「年度」および「予算書」に関する定義が明確にされている。

また、これも大蔵省の翻訳による『仏国政府会計一斑』（明治二〇年）によれば、「財政」とは「公有ノ財産ヲ管スル政ナリ」といい、「会計」とは「財政中其所務及ヒ結果ヲ知ラシムル一部分」を意味するものとして両者の概念を区別している。もっとも、フランス語の comptabilité という用語法に問題がないわけではない。この用語は現代でもほとんど「会計」と邦訳されるが、関連法のドイツ政府によるドイツ語訳や英語訳によれば、その内容によってそれぞれの国で訳語が使い分けられており、その意味は邦訳のように必ずしも一義的に固定することはできない。フランスの法律や制度には現代においてすら同じ用語が、同じ法律のなかで別の意味をもって使用されている場合があり、こうした〝おおらかさ〟はフランスの国民性ともいわれることがある。ましてや一九世紀半ばのことで、翻訳した明治政府もさまざまな政治的意図を絡ませていたことを考えると、フランス会計法における comptabilité も、訳語としての「会計」についても、その理解にはかなりの慎重さを必要とする。しかし、このような事情を考慮してなお、多くの国々に先んじて公会計制度を法的に整備しようとしたフランス会計法の先進性は高く評価されてよい。さらに、そうした諸外国の制度の比較研究を行ったうえで、当時最先端のフランス会計法に範をとった明治政府の見識にも驚くべきものがある。

フランス会計法第五章の「特別会計」は第四四八条から第八六〇条までの大きな章となっており、議会の議決を必要とせず特別の法令または各省の決定にのみ従う収支会計である。つまり、国の中心部分以外の公金の収支はすべてこの特別会計として取り扱われるとする。また、こうした「特別会計」の概念が規定される一方、「一般会計」の条項が設定されていないことも興味深い事実として注目される。

明治会計法の起草

これは明治憲法の発布に合わせ、その「第六章　会計」の付属法として制定されたもので、わが国における体系的な最初の近代的公会計法であり、すでに述べたように、フランス会計法に範をとって制定されたものである。その案を作成するための基礎的な調査研究の対象となった諸国の制度でとられていた簿記法は、フランスはもちろん、イギリスでもベルギーでもイタリアでも複式簿記であり、唯一ドイツのみが複式簿記ではなかったという興味深い事実がある。そうしたさまざまな制度研究を踏まえて、明治一九年一二月から具体的にその原案起草の作業が開始され、同二一年三月三日にその原案「会計原法草案」が、その責任者阪谷芳郎（後年、大蔵大臣、東京市長を歴任）によって大蔵大臣・松方正義に提出されている。同一九年一月に会計法原案起草の命を受けた後の阪谷の日記には、一日わずか一行のみの記述が多いが、何回かにわたる会議、松方大臣宅への訪問、大臣室への訪問等の記述が散見される。原案完成の同二〇年七月一一日には「夕上野散歩、充血頭痛ス」という記述も見られる。

明治会計法における簿記法

フランス会計法では、簿記法に関して命令官および会計官の事務等を規定する「第二章　行政会計」において複記法によるべきことが明記されている。従って、フランス会計法を全面的に取り入れたとすれば、明治一四年会計法がそうであったように、明治会計法にも当然にして複式簿記が適用されていたはずである。しかしながら、その複式簿記は結果的には採用されず、そこからもたらされる最大の関心事は、全体的な枠組みについてはフランス会計法に範をとりながら、複式簿記をなぜ除外してしまったのかということとなる。しかも、その複式簿記というのは、他ならぬわが国がそれまで一〇年にもわたって経験してきた簿記法であり、すでに未知のものではなかった。そうした大きな意思決定がどこでどのように行われたのかということに関心が向くのはきわめて自然であろう。とにかく、どのような経緯で決定されたにせよ、明治一二年に複式簿記が導入されたという経過とともに、それがにわかに廃止されたという事実はわが国の公会計制度史上特筆すべき出来事である。

しかしながら、明治会計法制定にさいして、どのような簿記法を採用するのかの決定プロセスについては『明治財政史』にも全く記述がない。大隈が受け取った書簡を収録した『大隈重信関係文書』にも、あるいは、明治会計法の起草責任者である阪谷の著書『日本会計法要論』[2]にもそれに関する記述は全くない。また、松方と阪谷との間の書簡のやりとりを『松方正義関係文書』[3]および『阪谷芳郎関係書簡集』[4]のそれぞれに求めても、明治会計法の方針をめぐる記述は全く発見できない。松方は伊藤博文にかなり多くの書簡を送っており、『伊藤博文関係文書　第七巻』[5]に収載されているものだけでも一一二通にのぼる。にもかかわらず、伊藤が初代内閣総理大臣、松方が大蔵大臣として明治会計法の起草に関与した時期を中心に調べても、簿記法などにかかわる書簡は一通も見当たらない。当時は伊藤自身が明治憲法の起草と制定に深く関与している時期であり、松方がその付属法たる会計法のなかの簿記法についてまで細かな意思の疎通を行っていたとは考えにくい。そうした状況から、それまでの複式簿記廃止の意思決定は、表面に出ないまま、実質的に松方の責任においてなされたものと考える以外にない。

明治会計法と松方正義

唯一、明治会計法について書かれている松方関連の史料が『侯爵松方正義卿実紀』[6]（以下、『実紀』という）にある。『実紀　一二』[7]には「会計法制定ノ議（明治二一年五月一五日）」、また、『実紀　一三』[8]には「憲法ノ発布」に関連して「法律第四号会計法の制定公布」および「右会計法制定の由来」が全文収載されている。

この「由来」では概略次のように述べられている。すなわち、これまで会計関係の法令がその都度発布されてきたが、大変煩雑かつ不完全であった、そこで、明治一九年末に会計法取調委員を置き、明治一五年の会計法（明治一四年会計法の改正法）以降のものを基礎として、欧米各国の会計法規を参照して会計上の原則を定めるべく研究を重ねてきた、それが帝国議会の開設にさいして近々発布される憲法とともに勅令をもって公布される会計法で、明治二一年五月一五日、その法案が内閣総理大臣宛提出された、というのである。そこでは、会計年度、予算、収入、支出、決算、時効、出納官吏に関する規定を簡単明瞭にし、整然たる秩序を維持し円滑に実行できるようにすることを意図すべきであると繰り返して述べている。要するに、これまでの会計関連の個別法令は体系的でなかったという。また、会計をできるだけ簡単にすべしというのは、簿記法にかかわる直接的な記述ではないものの、明治一一年の計算簿記条例によって全省庁での適用が義務づけられた複式簿記は大変煩雑であるとして、それを変更することを力説しているともとれる。

複式簿記不採用の背景

明治会計法で簿記法がそれまでのものから根本的に変更された理由を特定することは容易ではないが、ただ、その背景となりそうなさまざまな状況はいくつかのものが考えられる。いずれも大隈自身の言動が関係している。まず、先にも触れた通り、大隈が提案した紙幣整理の方法に対し、松方がそれに反対の意を表明して両者が対立的な関係になってしまったという事実がある。その後、国制論をめぐる大隈の急進論と他の政府関係者の漸進論と対立、また、大隈がイギリスに範をとった立憲君主制と議会制度を、右大臣岩倉らを差し置いて左大臣有栖川宮に密奏し反発を買ったこと、当時の自由民権運動家らと組んで政府転覆を謀っているとの疑念を持たれたこと、さらに、官有物払い下げ問題で疑念をもたれたこと等によって、大隈が伊藤らの政府中枢と決定的な対立関係になったことである。こうしたさまざまな状況が「明治一四年の政変」という結果につながった。大隈が関係した『会要』に、松方が強力な権限をもって刊行不可という冷徹な対応をしたのもその結果のひとつである。

大隈は若い頃から「大口の大隈」といわれ、また、言うことだけでなく実際に声も大きかったという。そこからも想像できるように、周囲との人間関係が常に円満であったわけではない。そんな彼は、はるか後年、『円を創った男―小説・大隈重信―』[9]のなかでも描かれており、この作者によれば、かの「政変」は結局のところ「政府部内で筆頭参議として威をふるっていた重信を憎しとする薩長藩閥の結託による一種のクーデター」だとする。しかし、大隈が下野したおかげで東京専門学校（現、早稲田大学）が創立されるという副産物も生まれた。

このようにさまざまな政府部内の対立関係を背景に、法案の起草を任された阪谷は新しい会計法に複式簿記を取り入れなかった。松方が財政制度について多くの知見を得たフランスで公会計に複式簿記が適用されているにもかかわらず、わが国における法制度の整備にさいしてそれを排除したのは、真に簡便な方法によることを主眼としただけであったのか、あるいは、長州の伊藤や薩摩の松方を中心とする「薩長藩閥政治」のなかで佐賀出身の大隈が割を食い、遂には複式簿記まで〝とばっちり〟を受けたということなのか。実際に複式簿記廃止に松方がかかわっていたとしても、そうした経緯は政争絡みのあまり褒められた話ではない。それだけに、公式記録としての『明治財政史』が、同時に「松方伯財政事歴」ともいわれることを考えれば、そこに全く記述されていないのはむしろ当然ともいえる。明治会計法における複式簿記不採用という決定について、今後の研究で新たな事実が発見されれば面白い。そうした日が来ることを期待したい。それにしても、「複式簿記がそれまで通り明治会計法でも継続して適用されていたとすれば」と敢えて想像すると、今日における公会計制度の改革論はかなり様相を異にしていたに違いない。

松方正義という人物

周知のように、松方は延べ一〇年以上にもわたって大蔵卿・大蔵大臣を歴任し、〝松方財政〟といわれるほど当時の財政運営に辣腕を振るうとともに、のちに自ら総理大臣も経験した人物である。松方は批判的に評価されることも少なくないが、その公私にわたる記録書で和綴じ全五一巻にも及ぶ『実紀』のうち、とくに『松方正義関係文書』第一巻（昭和五四年）から同第五巻（昭和五八年）所収のそれをひもとけば、幕末から明治初年における財政の混乱を収束させ、明治期における財政制度を整備するのに大きな役割を果たしたという功績も明らかとなる。

明治二〇年一〇月四日、松方は明治天皇を私邸に迎え飲食や歌舞音曲をもって接待し、食事の後、天皇からその子女に菓子を拝領している。そのおりに「子供が大変多いようだが何人か」と問われたと「明治天皇臨幸之記」[10]に自ら記している。さらに、松方自身は書き及んでいないが、関係者によれば、子だくさんのあまり即答することができず、調べて後ほどご報告する所存と答えたとも伝えられている。ちなみに、早世した子供も含め全部で二六人あったという。また、先にも触れたように、松方が多くの関係者に送った書簡の数は大変な量であり、それ以外にも各種の記録、メモなどは驚くほど膨大な量にのぼる。松方にも当然さまざまな評価があるが、大きな体躯をもつこの政治家は、激動の明治をエネルギッシュに生き抜いた偉丈夫ぶりを髣髴とさせる。

閑話休題。平成二八年七月、東京・上野の国立西洋美術館がル・コルビュジエ設計の建築作品群の一部として世界遺産となったことは記憶に新しいが、同美術館の所蔵作品の中心であるいわゆる〝松方コレクション〟は、松方正義の三男幸次郎が第一次世界大戦後ヨーロッパで巨額の資金を投じて収集したものであることはよく知られている。幸次郎が収集した絵画のうちフランスに接収されたものが第二次世界大戦後返還された。それを収蔵するためにフランス政府から求められた専用の施設が同美術館なのだが、わが国における多くのフランス絵画の所蔵も、遡れば明治のフランス派松方正義にたどり着くことを考えると、歴史のなせる不思議な縁を感じないわけにはいかない。

「明治会計法」の構成と内容

さて、明治会計法であるが、ここではその全体的な構成のみを掲げておこう。全三三箇条、「第一章　総則」に始まり、「第二章　予算」、「第三章　収入」、「第四章　支出」、「第五章　決算」、「第六章　期満免除」、「第七章　歳計剰余定額繰越予算外収入及定額戻入」、「第八章　政府ノ工事及物件ノ売買貸借」、「第九章　出納管理」、「第一〇章　雑則」、さらに、「第一一章　附則」となっている。

何度も変更された会計年度

明治会計法のうち、興味深い規定を紹介しておこう。その第一条で、会計年度は現在の制度と同様毎年四月一日に始まり翌年三月三一日に終了することが定められているが、わが国の会計年度は実は最初からこのように定められたのではない。明治二年に大蔵省が設置された直後にはじめて会計年度が定められ、同年九月に「一〇月一日から翌年九月三〇日まで」とされ、その後、明治五年一一月には「一月一日から一二月三一日まで」、明治七年一二月には「七月一日から翌年六月三〇日まで」とされた。さらに、明治一七年一〇月に至って、歳入金の収納が最も多い時期を年度初めとするのが好都合とされ、当時、地租および酒造税の納期限が四月末とされていたため、その月初めすなわち四月一日を会計年度の開始とした。これが明治会計法でも踏襲されてようやく定着し、今に至っているのである。桜の咲く季節に年度が変わり、学校や企業や多くの役所などでフレッシュ・スタートを迎えるのがわが国では風物詩のひとつとなっているが、実は、歴史的に見ると会計年度と学校暦や季節とは全く関係がない。

出納整理期間の原型はフランス会計法

同条第二項は出納整理期間について定めており、出納に関する事務の完結を「翌年度の一一月三〇日までに」すべきこととしている。ちなみに、この制度の原型もかのフランス会計法に見られ、会計期間は通常一二月三一日で終わるが、天災または公共の利害に関連する事由によって物品の代金支払ができない場合には翌年二月一日まで認める旨、同法第三三条に規定されている。

明治会計法における「予算区分」

明治会計法の第六条では「歳入歳出ノ総予算ハ之ヲ経常臨時ノ二部ニ大別シ……」と規定され、「経常予算」と「臨時予算」の二つに区分するものとしている。特筆すべきは「予算区分」であって「会計区分」ではないことである。つまり、この法律では「一般会計」と「特別会計」という区分の方法はとられておらず、これがもつ意味は決して小さくない。

「特別会計」はどこから来たのか

現行制度に「特別会計」が存在することは周知の事実であるが、もともとこれはどこから来たのか。この概念と制度は昔も今もなかなかの難物である。まず、明治会計法では「第一〇章　雑則」のなかで取り扱われている。その淵源は、幕府または旧藩が所有していた製鉄所、造船所等のうち、明治政府に受け継がれた施設を「別途櫃」を設けて管理してきたところにあるが、明治九年の太政官達「作業費区分及受払例則」により「別途会計」として取り扱われるようになった。つまり、特別会計はもともと通常の会計では処理できないもののために設置されたもので、実際、明治会計法第三〇条は、「特別ノ必要ニ因リ本法ニ準拠シ難キモノアルトキハ特別会計ヲ設置スルコトヲ得」と規定しているのである。その意味ではフランス会計法の特別会計に近い意味をもっている。しかし、この特別会計はすでに明治時代に通常の会計から切り離す便利な手段として利用され、明治四〇年には六〇にまで膨らんだという。本来、明治会計法の「雑則」のなかで例外的な存在として発足したはずの特別会計は、やがて経常的な「会計の区分」として既成事実化され、ついには昭和二二年制定の現行財政法に至ってかつての「予算区分」が廃止され、一般会計と特別会計との区別が新たに〝会計の区分〟として制度化された。この区分は、一見、予算執行にかかわる処理すなわち会計の分類のように見えるが、実際には予算の領域または予算の単位を表している。特別会計にしろ一般会計にしろ誰もが何の疑いも抱かずに使用しているが、両者を文字通り会計処理の違いを表すものなどと理解している人は恐らくいまい。このような区分概念は、現在はもちろん、諸外国における旧来の制度ですらもきわめて珍しい考え方なのである。

ドイツからのカメラル簿記導入

明治会計法がその重要な構成要素のひとつである簿記法として複式簿記を採用しなかったことはすでに述べた通りである。それでは、具体的にどのような規定がなされているのか、それを見てみよう。

まず、明治二二年の明治会計法を受けて、同年、その施行のための細則が「会計規則」（全一〇章一二三箇条）として定められている。第九章に「帳簿」に関する規定があり、その第一一二条で日記簿、原簿および補助簿を備え置いて記帳すること、第一一三条では歳入歳出の主要簿を備えること、さらに、第一二二条で大蔵大臣が帳簿の様式を定めることが規定されている。この第一一三条を受けて、明治二七年、全三五箇条からなる改正歳入歳出主計記簿規程および全三二箇条からなる国庫計算記簿規程が定められている。これら〔日記簿、原簿および補助簿〕と〔歳入歳出の主要簿〕の二系統の帳簿類で記帳される内容のうち、前者は予算執行の記録と書類の授受によって収支の内容ないし原因を記録整理する職務を指すもので、これを「科目の整理」と呼ぶという[11]。また、後者は現金の出納結果に関する記録を行う職務を指し、これを「現金の整理」と呼ぶという[12]。

このうち「科目の整理」に用いられる大蔵省の主計簿の構成は、改正歳入歳出主計記簿規程によれば、歳入にあっては、予算額、調定済額、確定額収入済額、不能欠損額を、歳出にあっては、予算額、予算決定後増加額、支払元受高、支払命令済額、支払済額、翌年度への繰越額となっている。こうした記帳法は明治会計法以前にはなかったものであり、石川・秋山はこうした記帳法を「貸借ヲ応用シタル複記ノ法ニ拠ラス又簿記法ニ所謂単式トモ称スヘカラサル一種ノ書留簿ノ様式」と述べている。この様式は、フランス会計法が規定する一部の会計における決算でも用いられているが、結論からいえば、とくにドイツ語圏の国々の官庁簿記法として伝統的に適用されてきたカメラル簿記にほかならない。この「書留簿ノ様式」に「カメラル簿記」の名称を付さないまま用いてきたことが、公会計の記帳実務にドイツの簿記法を取り入れた事実を不明なものにしてしまったと考えられる。

「カメラル簿記」はなぜ知られていないのか

単式簿記と複式簿記はよく知られているが、「カメラル簿記」という名称はなぜ伝わらなかったのか。それを解き明かす史料が存在するのかどうかは不明であるが、ドイツにおける当時の公会計関連法にこの簿記法の名称それ自体は出てこない。その結果、おそらくはそうした簿記法の名称が不明なまま、石川・秋山の理解のように「単式簿記でも複式簿記でもない簿記法」、敢えていえば「一種の備忘的な記録簿」として取り扱われたと考えられる。この記帳法はわが国で明治以来現在に至るまで国でも地方自治体でもその片鱗を残しているが、少なくとも複式簿記ではないことは明らかである。このことが、「わが国の公会計で用いられている記帳法は複式簿記ではない、だから単式簿記だ」という単純な二項対立型の理解につながっている。

次に、「現金の整理」を定める国庫計算記簿規程によれば、国庫日記簿も国庫原簿も「複記式」に拠るべきことが規定されている。実際、各勘定の様式を見ると「貸」および「借」の欄が設けられており、一見すると複式簿記の外観を呈している。これをもって、「官庁帳簿組織において複式簿記のなごりをとどめた唯一の領域である」と記述する著書もある[13]。「貸」と「借」の用語を使用する以上、確かに〝複式簿記のなごり〟といえなくもないが、内容的にはそれらは現金出納帳における「収入」および「支出」の欄と変わるところはない。こうした「貸」と「借」の用語は、現行の「国の会計帳簿及び書類の様式に関する省令」（大正一一年大蔵省令、現財務省令）でも国庫日記簿および国庫原簿の歳入と歳出のそれぞれに用いられている。

明治会計法とこれらの各規程の定めによって備えなければならない帳簿と簿記法は次のようにまとめられる。

予算の執行「科目の整理」	歳入主計簿 歳出主計簿	一種の備忘的な記録簿（カメラル帳簿）
国庫金の出納「現金の整理」	国庫日記 国庫原簿	〝複式記帳〟
	国庫補助簿	カメラル式記帳

カメラル簿記の語源と転用

ついでながら、「カメラル簿記」という名称の興味深い由来について付言しておこう。このことばの語源はギリシア語といわれ、戦士に軍資金を届けるための屋根つき馬車を意味するものであったという。それが後に転用され、丸天井や丸屋根をもつ建物を意味するものとして用いられた。さらに、そのラテン語表記の camera や camara は、領邦の君主が自らの財産を保管するする場所として用いられることとなり、やがてはそこで収入管理にあたる事務官の部屋すなわち「官房」を意味する用語となったという。また、一六世紀末のフィレンツェの貴族のサロンに集まった文学者や知識人や音楽家の集団を camerata と呼んだのも、この用語法が広がったものである。現在、イタリア語のcameraは普通の部屋の意味でも用いられている。このことばはフランス語ではcambre, chambre, chamberに変化し、ドイツ語ではKammerとなった。さらに、このような特定の部屋を意味することばは、後年、小さな部屋、暗室を意味するものとしても使用されるようになり、ついには写真機の意味でも用いられるようになったのである。通常、「カメラ」といえばそれは写真機を意味するもので、それ以外に何か意味があるなどとは思いもよらないであろう。しかし、「カメラ＝写真機」などというのは、何かを撮影する機械が発明された近現代になってからのことで、もとは全く別の意味で用いられていたなどというのは実に興味深い事実ではないか。ましてや、写真機を意味するカメラがカメラル簿記というドイツ公会計における簿記法の名称と同じ語源だというのだからますます面白い。

後進国の早熟性

江戸時代までの欧米諸国とは全く異質の制度環境で国制を運営してきたわが国にとって、明治維新はまさにドラスティックかつドラマティックな一大転換点であった。そのなかで公会計はその後二〇年ほどの間に国際的にも最先端といい得るほど近代的な制度としてかたち作られていった。驚くべき質的転換である。わが国が近代国家形成に範をとった国のひとつであるドイツが、公会計に関する限り、その体系的な制度を作り上げたのは、むしろわが国よりも少し後のことなのである。

このような急速な制度形成の実現には確たる理由があったともいわれる。つまり、日本が歴史的に中国文献を中心とした翻訳文化を形成してきたことが、新しい外国の文化を受容するための言語的かつ知的能力をはぐくむ原動力になってきたという。さらに、当時における諸外国の状況もわが国にとっては幸いしたという。つまり、一九世紀半ば、アジアに進出を図っていた欧米列強がしばらく近隣諸国との戦争に忙殺されていたために、わが国はそうした諸外国の介入と支配を結果として避けることができたのである。また、欧米列強といえども、それらの国々は、多少の時間的差異はあるが絶対王政の時代が終わり、近代的市民社会が形成されて間もない状況にあった。あるいは、アメリカのように、建国後まだそれほどの期間を経ず、しかも、国内に南北戦争のような大きな問題を抱えている国もあった。ということは、それらの国々でさえ、近代国家としての諸制度がまだ未整備であったり、出来上がったばかりといった状況であったことを意味した。こうした状況が幸いして、わが国はその近代化を先進諸外国に範をとりながらそれらに支配されることなく、多くの面で自らの意思によって制度形成を進めることができたのである。

公会計制度に限らず、わが国における近代化のありさまを「後進国の早熟性」と表現した識者もある[14]。当時のわが国が素朴な感覚によって諸外国から先進的な諸制度や文化を取り入れた結果、却ってわが国の方が部分的にはより進んだ制度形成を実現してしまったのである。同時に、自国の国情に合わせ、あるいはまた、政府部内のさまざまな政治的葛藤と思惑を絡ませながらも、驚くほどの早さで制度をつくり上げていった明治政府の能力と手腕にも改めて目を見開かされる。

注

1 早稲田大学大学史料センター編『大隈重信関係文書9』、みすず書房　平成二五年参照。
2 博文舘蔵収　明治二三年。
3 大東文化大学東京研究所、第六巻（昭和六〇年）～第九巻（昭和六三年）。
4 専修大学編、芙蓉書房　平成二五年。
5 伊藤博文関係文書研究会編、塙書房　平成二三年。
6 『松方正義関係文書』〈全二〇巻〉、大東文化大学東洋研究所。
7 『松方正義関係文書』第三巻、昭和五六年所収。
8 『松方正義関係文書』第三巻。
9 渡辺房男『円を創った男―小説・大隈重信―』、文藝春秋 平成一八年。
10 『松方正義関係文書』第一一巻、大東文化大学東洋研究所　平成三年所収。
11 石川豊太郎・秋山行蔵共編『現行　官庁簿記法』、嵩書房　明治二八年参照。
12 石川・秋山、前掲書参照。
13 久野秀男著『官庁簿記制度論』、税務経理協会　昭和三三年（重版昭和四〇年）。
14 丸山真男・加藤周一『翻訳と日本の近代』〈岩波新書〉、平成一〇年参照。

第三章　公会計の基礎と周辺

前章までは公会計にかかわる歴史を見てきた。本章から話題は大きく転換し、この後は徐々に公会計の核心に触れていくこととなる。そこでまず、本章では、公会計の概念を周辺領域から見てみたい。そこから公会計についてのイメージを具体化するとともに、その重要性を改めて認識するきっかけとする。

公会計の認知度

いわゆる公会計に対する関心の高まりは、会計研究者の間の組織的な研究という意味ではこの三〇年ほどといってよい。それ以前の個人的な見解の表明を含めてもせいぜい数十年といったところであろう。昭和九年における会計研究者の見解に次のようなものがある[1]。

嘗て上田貞次郎博士は官庁会計を複式簿記に改むべしと論じたことがあった。（中略）然しながら財産上の利益を目的とする商人と、財産以外に無形な福利を国民に与えんとする国家とはその本質が異なるので、全くこれを同様にすることは不可能であり、却って計算を不正確にする。

（中略）

官庁会計で第一疑問となるのはその予算制度である。議会で決せられる予算は総て現金収支に関するものであるが、これが事業会計にうまく適合するであろうかと云う点である。（中略）従って事業会計や作業会計の予算は商人的会計の場合と同様に売上予算、買入予算、製造予算の如く改める方が明瞭であると思ふ。

この見解は、後に第五章でも言及する昭和三八年の大蔵省主計局法規課「官庁会計複式簿記試案（未定稿）」[2]の見解に通ずるもので興味深い。

また、昭和五〇年代、行政学の観点から次のような見解も出されている[3]。

元来、会計は単なる手段の体系であって、目的に仕える技術体系である。それ故、その手段性は目的によって規定されなければならぬ。逆に手段が目的を限定するならば、そこには価値の顚倒が存在するはずで、政府会計制度上の単純な便宜が逆に優先され行政責任無視というひとつの政治的価値判断を結果せざるをえず、手段によって奉仕すべき目的価値のすり替えが行われる。民間会計制度が精密であるという技術的能率性の理由だけによって、政府会計制度として採用すべきであるということになれば、そこにこの価値顚倒が生ずる。政府会計制度の目的は、予算総過程における不可分の一部であって、別個独立のものではありえない。

このように古い学問体系に基づく考え方からは会計全体が単なる技術として位置づけられ、まして公会計について、公的主体のアカウンタビリティ論、金銭計算と価値計算の区別、複式簿記システムにおける計算構造論、測定論、評価論などの理論体系を想起する余地はほとんどなかった。しかし、これから本章で述べるように、現在、公会計は「会計は単なる手段」として矮小化するほど小さな存在ではなくなってきている。

公会計は「ミクロ会計」

「会計」ということばを聞いたことのない人はほとんどいないと思われるが、「公会計」となると社会的にはまだそれほど浸透しているとはいえない。ひとくちに会計学または会計といってもその内容が広範なのはいうまでもない。会計を考えるとき、さまざまな分類の可能性があるが、実施単位としての主体、営利性、法的枠組み、情報目的等の観点から次のように分類することができる。

マクロ会計とミクロ会計
営利組織会計と非営利組織会計
制度会計と非制度会計
財務会計と管理会計

まず、第一は、経済活動をひとつの国または地域全体の観点から捉えるか、それとも個別の経済主体の観点から捉えるかという違いに基づく。前者は国民経済計算の手法を用いて国または地域全体の経済活動を把握するものである。公会計は国や地方自治体という個別の経済主体の活動を貨幣的に捉えようとするものであり、これこそ本書での最大の関心の対象なのである。これはミクロ会計のひとつであり、国または地方自治体であるからといってマクロ会計になるわけではない。

次に、第二は、経済主体が営利性をもつか否かの違いによって、そこに適用される会計の方法も異なることを意味するものである。端的にいえば、営利組織会計の典型例が企業会計で、非営利組織会計は後述するように企業会計以外の会計を意味することとなる。このように理解すれば、公会計は基本的には非営利組織会計を意味することとなる。

第三は、それぞれの会計の方法および会計情報の開示が法令またはそれに準ずる基準によって定められているかどうかによるものである。公会計は、国の場合であれば財政法、会計法、予算決算及び会計令等、地方自治体であれば地方自治法、地方公営企業法、各自治体の関連条例等によってその枠組みが作られており、制度会計として理解される。

また、第四は、外部の利害関係者に対するアカウンタビリティ（説明責任）の解除を目的とするものなのか、その経済主体内部の経営分析または意思決定支援を目的とするものなのかの違いである。公会計においても行政内部の意思決定のための財務情報の提供機能をもつが、より大きな報告対象は会計主体の外部者としての主権者たる国民ないし住民であることは言を俟たない。

これら各種の分類からまとめれば、本書で取り扱う公会計は、基本的には、ミクロ会計の領域における非営利組織会計であり、制度会計としての財務会計を意味するものとなる。ただ、国にあっても地方自治体にあっても、株式会社への出資が行われることもあることから企業会計と全く無関係ではなく、また、財政運営の会計処理から得られたデータによって非制度会計としての管理会計の手法が利用されることがあることも認識しておく必要がある。

パブリック・セクターの会計の呼称

パブリック・セクターの会計はこれまでさまざまな用語によって呼び習わされてきた。明治六年の「金穀出納条例」、翌七年の「金穀出納取扱順序」等の法令名からわかるように、当時にあっては「会計」の文言は使用されていない。文字通り金銭と米による税収を記録し管理することがいわゆる公会計と理解されていたと思われる。ただ、「会計」という用語自体は、フランスの指導によって終焉間近の徳川幕府が「会計総裁」を設置し「会計奉行」を任命するなど、すでに幕末から用いられている。しかし、それはあくまでも収支の記録行為を意味するもので、制度全体を意味するものではない。

やがて「国庫金計算」、「歳入歳出計算」等の用語が用いられるようになる。また、「官庁会計」が用いられるようになったのはかなり後のことであり、その典型例として昭和九年の花田七五三著『官庁会計』[4]を挙げることができる。これらさまざまな名称は、この領域が大方の関心を集めることなく、まだまだ定着した用語がなかったことを意味するものに他ならない。

主として戦後現れてきた「公会計」

「公会計」という名称が使用されるようになったのは主として第二次世界大戦後のことである。しかし、戦前にこの用語が全く使用されていなかったのかどうかについては、これまで文献や資料を渉猟した限りでは不明である。昭和二九年には池田修蔵著『公会計読本』[5]、中西旭稿「公会計基準の展開」[6]などはこの用語使用例の初期のものである。わが国におけるこの領域の先駆的研究者の一人である菊池詳一郎の昭和三〇年代におけるいくつかの論稿でも「公会計」が用いられている。ただ、昭和四〇年頃でも西野嘉一郎稿「国の予算及び会計制度に対する改革私案―臨時行政調査会第一専門部会最終報告書批判―」[7]、天海陸平稿「国、地方公共団体会計（官庁会計）の会計処理方式の改善について」[8]、福田幸弘稿「国の予算会計の複式簿記化について」[9]のような例もある。つまり、「公会計」という用語が定着したといえるのは実は比較的最近のことといった方がむしろ正しいといえる。

「公会計」という用語のルーツ

わが国が制度創設にさいして準拠したヨーロッパ大陸諸国を見ると、例えばドイツにおいては「予算、金庫および会計制度」、「地方予算および会計制度」等さまざまな用語が用いられてきているが、シュマーレンバッハら近代会計理論の基礎を築いた研究者たちが用いたのが［Öffentliches Rechnungswesen］であり、近年に至ってこの用語が通例のものとなった。また、フランスではすでに一八三八年の法律名に［comptabilité publique］が用いられ、スペインでは［contables públicos］と表記されているのを見れば、ヨーロッパ大陸諸国におけるパブリック・セクターの会計を表す専門用語はすべて「公会計」と訳して差し支えない。この用語にはいわゆる公企業の会計も含まれるが、それはヨーロッパの諸国が比較的古くから多様な企業がパブリック・セクターの一環として運営されてきたことによる。

多数派となってきた「政府会計」の用語

本書では一貫して「公会計」を用いているが、他方、「政府会計」という表記も少なくない。この用語の淵源はどのようなものなのか。政府会計という用語は英語の［governmental accounting］の邦訳で、外国の制度や理論の研究にさいして、英語文献の使用が圧倒的に多くなってきた今日にあっては、公会計よりもむしろ多くなってきているのも時代の趨勢といえる。フランコ・ジャーマン諸国の文献を中心とする研究者は「公会計」だといい、アングロ・サクソン諸国の文献を中心とする研究者は「政府会計」だという。実際、筆者が『公会計小辞典』[10]の編集に携わったおりにも、当該領域の研究に英語圏の国々の文献や資料を使用する研究者が多いことから項目解説を公会計に統一することはせず、内容に応じて公会計と政府会計の両者を使い分けることにしたという経緯があった。もちろん、辞典では両者の意味について解説しその意味を明らかにしている。

このようにわが国でパブリック・セクターの会計を表す用語としてより早く用いられるようになったのは公会計の方であるが、現在ではむしろ政府会計の方がよく使用される。なお、近年、総務省が地方自治体における会計制度の整備を精力的に推進しており、そこでは「地方公会計制度」のように「公会計」の用語を用いていることも付言しておきたい。もちろん、わが国の制度上「地方政府会計」とはいいにくいという事情があることも念頭に置かなければならない。

「政府会計」の由来

それでは政府会計という用語の由来はなにか。結論からいえば、英語圏とりわけアングロ・サクソン諸国では、公企業を含まないパブリック・セクターの中心部分の会計こそがいわゆる公会計であり、それがまさに「政府会計」ということになる。これは、ヨーロッパ大陸のフランコ・ジャーマン諸国に比べ、アングロ・サクソン諸国ではパブリック・セクターの一環としての公企業が伝統的に多くないという事情が関係している。つまり、多くの場合、企業経営の性格をもつ活動は政府が関与するのではなく、プライベート・セクターに委ねられてきたというアングロ・サクソン諸国固有の制度的背景がある。その結果、パブリック・セクターの会計は、ほとんど税収を中心とする歳入およびその歳出の記録と管理を取り扱うこととなり、基本的に公企業を含まない政府部門を中心とする内容となった。

公会計の範囲—その複雑かつ多様な様相

公会計は「国や地方自治体の会計」といえばひとまず大づかみの理解はできるが、実際にはそれほど単純なものではない。パブリック・セクターは一般会計の他に行政代行型の特別会計もあれば、他方、各省庁所管の公企業もある。公企業は行政との関係で経済的独立性、組織的独立性および法的独立性のそれぞれの程度によっていくつかの分類が考えられる。こうした各種独立性の概念とは別に、公企業が実質的に行政代行型なのか、収支均衡型なのか、それとも収益稼得型なのかという観点によってもまた分類は変わってくる。とくに地方自治体の会計では、一般会計等に地方公営事業会計を加えた全体財務書類の作成とともに、全体財務書類に関連団体の会計を加えた連結財務書類を作成することが求められている。例えば、旧国鉄の分割民営に伴って引き継いだ鉄道路線を、沿線の自治体が共同出資して設立した株式会社によって運営するいわゆる第三セクター（総務省の基準では地方自治体が二五％以上を出資または出えんしている法人等）が全国各地で見られるが、それらに対する自治体の持ち株の割合または支配の程度によって地方公会計の対象に含まれることとなる。

パブリック・セクターの構成

パブリック・セクターにはいわゆる一般政府のみならず公的企業も含まれる。例えば、日本郵便株式会社、株式会社ゆうちょ銀行および株式会社かんぽ生命保険の持株会社である日本郵政株式会社は文字通り〝株式会社〟であるが、いわゆる政府の全額出資（財務大臣が株主）による組織としての公的企業である。また、旧日本国有鉄道が分割民営化され新たに六旅客鉄道株式会社と一貨物鉄道株式会社が設立されたが、ＪＲ東日本、ＪＲ東海、ＪＲ西日本およびＪＲ九州（平成二八年一〇月株式上場）の四旅客鉄道株式会社を除く他のＪＲ各社（ＪＲ北海道、ＪＲ四国およびＪＲ貨物）は、独立行政法人たる鉄道建設・運輸施設整備支援機構が全額保有している。つまり、これもパブリック・セクターのなかの組織であることになる。

こうしたパブリック・セクターの複雑さとともに、その会計はこれまで国民や住民の理解を超えていたというのが実状であり、組織運営の不経済や非効率を生み出し、さらに巨額の赤字を生み出したとしてもその解決を遅らせる遠因ともなってきた。パブリック・セクターないし公会計の範囲はその全貌を容易に掴めないほど複雑かつ巨大となっている。

ここでは国民経済計算におけるパブリック・セクターの構成内容を掲げておこう。

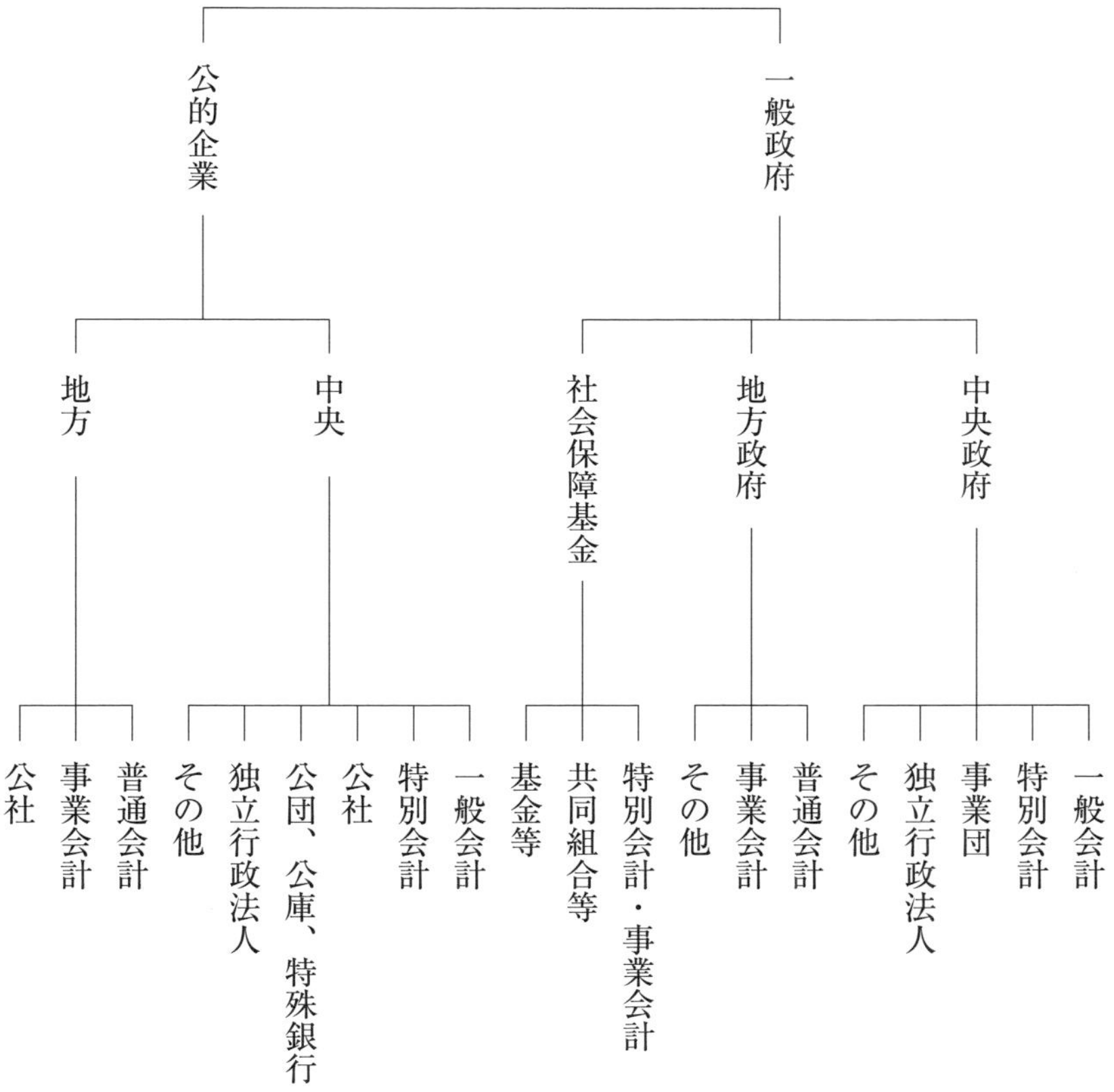
一般政府
公的企業
中央政府
地方政府
社会保障基金
中央
地方
一般会計
特別会計
事業団
独立行政法人
その他
普通会計
事業会計
その他
特別会計・事業会計
共同組合等
基金等
一般会計
特別会計
公社
公団、公庫、特殊銀行
独立行政法人
その他
普通会計
事業会計
公社

公会計はなぜ重要か

経済活動はプライベート・セクターばかりでなくパブリック・セクターでも行われることは当然であるが、経済活動全体のなかでパブリック・セクターの割合がいかなる大きさを占めるかを知ることによって公会計の相対的地位を把握することができる。いま、一般会計と特定の特別会計の純計決算額に注目し、その国内総生産に対する割合を見ると、図表3－1に示すように、パブリック・セクターの占める割合の概要を把握することができる。

これによれば、この約一〇年間にわたってパブリック・セクターの財政規模が約三分の一を占めてきており、しかも、それは増加傾向にあることがわかる。この規模をもってわが国のパブリック・セクターが「大きい政府」なのか「小さな政府」なのかを即断することは簡単ではないが、こうした実態は、そこで行われる公会計への関心を呼び起こすきっかけとなろう。つまり、これまで会計といえば大方の関心が企業会計に集まってきたのであるが、多くの

図表 3-1　公的部門の財政規模（国内総生産に対する割合）

（%）

	国	地方	合計
平成 16 年度	11.9	17.9	29.8
17	12.1	17.7	29.8
18	11.8	17.3	29.0
19	12.0	17.1	29.1
20	12.7	18.1	30.7
21	15.0	20.0	35.0
22	13.8	19.5	33.3
23	14.4	20.3	34.7
24	14.4	20.1	34.5
25	14.3	20.0	34.4
26	14.3	20.0	34.3

（表注）「国」は国から地方に対する支出を差し引いた金額の国内総生産に対する割合
「地方」は地方から国に対する支出を差し引いた金額の国内総生産に対する割合
「合計」は「国」と「地方」の合計額の国内総生産に対する割合

（出所）総務省　平成 28 年版　地方財政白書（資料編）より作成

人々があまり関心を寄せることのなかったパブリック・セクターにおける会計が想像以上に重要性であることに気づく。

気がつけば巨額の財政赤字と公債発行

パブリック・セクターにおける財政規模もさることながら、年々の財政赤字とそれを補うための公債発行も看過することはできない。図表3―2は一般会計における税収、歳出総額および公債発行額の推移を表したものである。

このグラフから明らかなように、国における歳出総額は、多少の増減はあるものの、ほぼ一貫して増加傾向を辿ってきた。それに対して歳入の最も基本部分である税収は全体としては横ばいの状況となっている。この事実からわかるように、わが国の財政が長期にわたって赤字体質となっており、それを補填するために毎年度多額の公債発行が行われていることはいまやよく知られている。いま、家計になぞらえれば、どのようなことがいえるのだろうか。年収五七〇万円余の家庭で、日常の生活費の他、医療や介護費、それに家族の欲しいものややりたいことに必要な額を合計したところ九六〇万円ほどの額となった、そのなかには老親への仕送りもある。五〇万円近くは副収入で何とか賄ったが、あとの三四〇万円余は借金をすることとしたとする。常識的に考えれば借金をしてまで不要不急の支出をすることはまずないだろう。実は、これらの金額を一〇〇〇万倍すれば、平成二八年度の一般会計当初予算とほぼ同じ額となる。つまり、多くの家庭では通常考えられないような収入と支出の構造がわが国では常態化しているということにな

図表 3-2　一般会計税収、歳出総額および公債発行額の推移

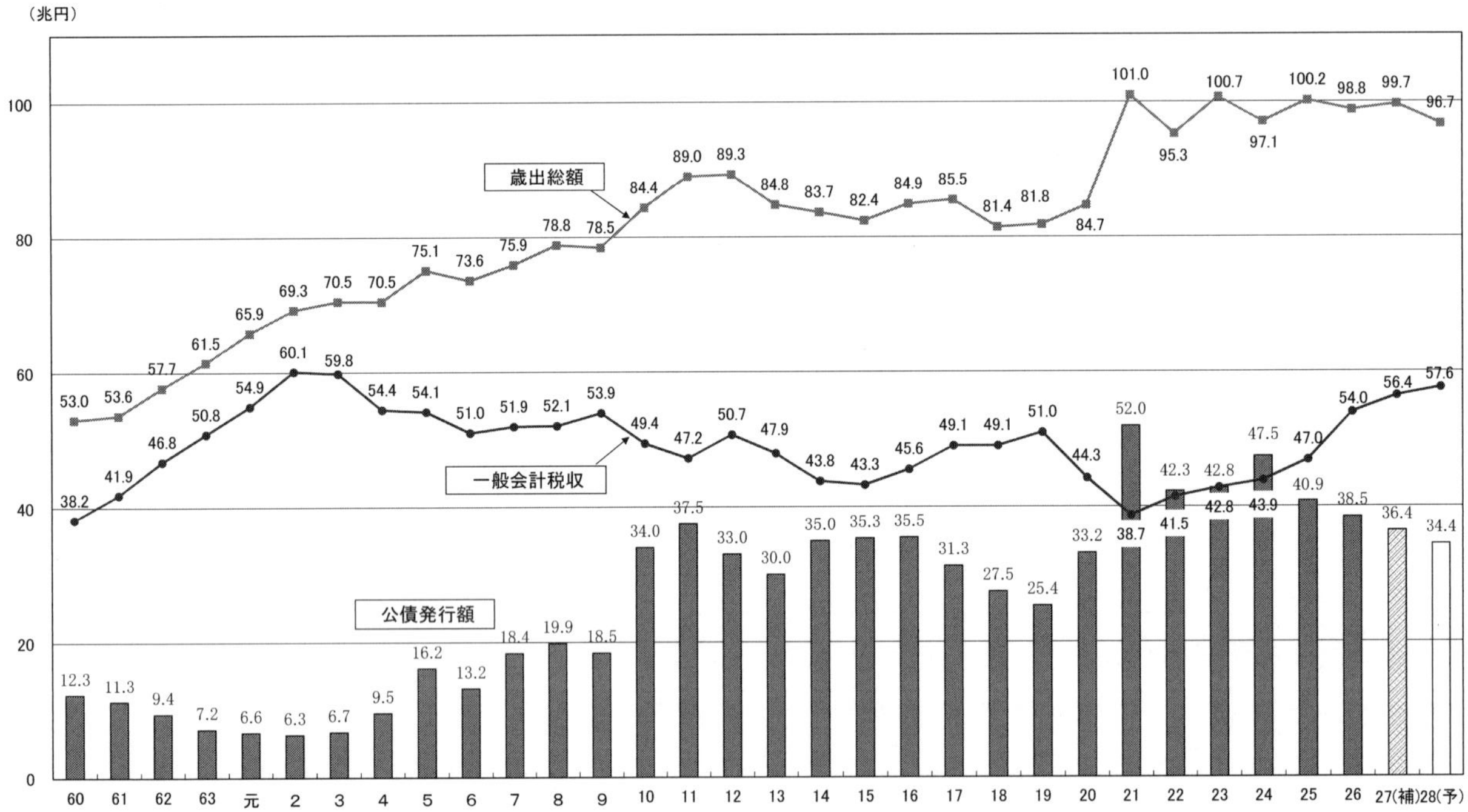

歳出に占める税収の割合（%）　　　　（年度）

60	61	62	63	元	2	3	4	5	6	7	8	9	10	11	12	13	14	15	16	17	18	19	20	21	22	23	24	25	26	27(補)	28(予)
72.1	78.1	81.1	82.7	83.4	86.8	84.8	77.2	72.1	69.3	68.4	66.0	68.7	58.6	53.1	56.8	56.5	52.4	52.5	53.7	57.4	60.2	62.3	52.3	38.4	43.5	42.5	45.2	46.9	54.6	56.6	59.6

（注1）26年度以前は決算額、27年度は補正後予算額、28年度は予算額による。
（注2）公債発行額は、4条公債発行額及び特例公債発行額の合計である。
（出所）財務省資料　http://www.mof.go.jp/tax_policy/summary/condition/003.htm

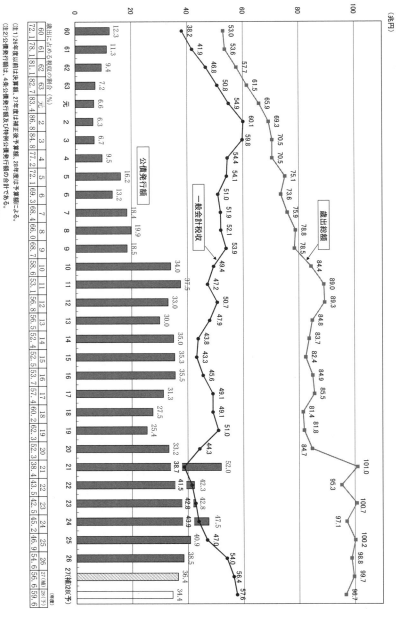

る。

コスト意識の欠如

こうした財政構造には、歳出の多くの部分が政治的および財政的に決定され、会計の発想が活用されないところに問題の原因の一端がある。これが民間の企業であればすでに倒産しているであろう。もちろん、国にしても地方自治体にしても、企業とは異なって採算の採れないサービスを提供することこそまさに行政の役割であり、企業経営やその会計的発想のみによって理解することはできない。同時に、国民や住民のためのサービス提供を本務とする国または地方自治体であっても、それぞれが個別の経済主体であるということも事実である。従って、そこには単に金銭収支のみならず、価値レベルでの増減を考えなければ、行政サービスの実質的内容は測定できない。つまり、財務的資源の収支だけではなく、経済的資源の増減すなわち費用（厳密には「資源費消」）と収益（厳密には「資源回復」）を認識することがコスト意識をもつことにつながる。現行の公会計には制度的にそうした発想が組み込まれていない。

ただ、次のことにも注意することが求められる。公会計に費用および収益の認識を、また、コスト意識の涵養をというと、このことが行政活動への市場原理ないし競争原理の導入に直結し、最終的には〝公会計の企業会計化〟と理解されることが少なくないのであるが、決してそうではない。行政活動は本質的に企業活動とは異なる。重要なのは、企業会計に関する理論研究や制度形成の過程で育まれてきた知識を、公会計に援用するということなのである。会計理論としての知識を利用するのと企業会計化とは同じではない。

驚くべき長期債務残高

図表3―2で示したように、歳入不足の多くは公債の発行によって補填されるが、さらに問題なのはその経年の累積が長期債務残高として史上空前の額にまで積み上がっていることである。この数年度間における国と地方の長期債務残高の合計は図表3―3の通りとなっている。

国の債務は、平成二七年度末現在、長期債務以外にも、政府短期証券が約八四兆円、借入金が約五五兆円、政府保証債務が四二兆円[11]の残高となっている。さらに、地方にあっても、同年度末現在、第三セクター、地方公社および地方独立行政法人に対する債務保証や損失補償の偶発債務残高が四兆円余[12]存在している。ちなみに、これら債務の合計額は一年の税収の約二〇倍にも匹敵するものでもあり、次のように喩えられることもある。一万円札を百枚重ねれば百万円になるが、これを仮に一センチと見なしたとき一〇〇〇兆円という金額は一万キロメートルにもなる。この長さは東京からヨーロッパの主要都市までの距離よりもなお遠くにまで達するもので、通常の旅客機によっては十時間で飛べない距離である。

図表 3-3　国および地方の長期債務残高

平成 23 年度末	平成 24 年度末	平成 25 年度末	平成 26 年度末	平成 27 年度末
895 (189)	932 (196)	972 (201)	1,001 (204)	1,041 (207)

(表注) 上段は国・地方の長期債務合計で翌年度借換のための前倒債を含む。平成 27 年度のみ実績見込値、その他は実績値、単位：兆円
下段（　）内の数値は対 GDP 比。単位：%
(出所) 財務省同名資料より抜粋 (www.zaisei.mof.go.jp/pdf)

これまで何度も「財政規律の堅持」が叫ばれながら、国債発行額を減少させることができない。そもそも「財政規律」というのは、EUが一九九三年にマーストリヒト条約で掲げた「財政赤字を対GDP比三％以下、公的債務を対GDP比六〇％以下とする」というように基本的には達成すべき数値目標を意味する。実際、わが国でも平成一四年度の予算で「国債発行額三〇兆円」という「財政規律」が掲げられたが、いま、こうした数値目標が事実上消滅し、単にことばのみが先行している感は否めない。長期債務が一向に減少しないゆえんでもある。

国債の保有構造

このような長期債務の残高もさることながら、債務の中心である国債を誰が保有しているかを見るとわが国固有の構造が浮かび上がってくる。ここでまず国債の保有構造の転換点の状況を図表3－4にみてみよう。

この図表からわかることは、とくに「政府」、「中央銀行」および「金融機関」の保有関係のなかで、第一に、平成一八年と平成二〇年との間に大きな変化が生じていること、第二に、「政府」の保有が現在に至るまで減少傾向にあると同時に、「中央銀行」の保有が現在に至るまで急増してい

図表 3-4　国債等の保有構造

（%）

	政府	中央銀行	金融機関	海外	個人	その他
平成 18 年　3 月末	42.5	13.0	34.1	4.6	4.0	1.8
平成 20 年 12 月末	13.1	8.3	64.1	6.8	5.2	2.4
平成 24 年　9 月末	9.8	11.1	64.7	9.1	2.7	2.7
平成 26 年　3 月末	8.8	20.1	59.2	8.4	2.1	1.4
平成 28 年　6 月末	5.5	34.9	51.5	5.5	1.4	1.1

（表注）平成 18 年の「政府」には旧郵便貯金、簡易生命保険を含む。平成 20 年以降の「金融機関」にはゆうちょ銀行、かんぽ生命を含む。

（出所）財務省各年度「国債等の保有者別内訳」より作成

ることである。

まず、第一の変化は、「政府」に含まれていた当時の郵便貯金、および、簡易生命保険を所管していた郵政公社が、平成一九年一〇月、日本郵政株式会社に移行したことに伴うものである。従って、「政府」保有の国債が急減し、逆に「金融機関」保有の国債が急増したように見えるが、当時、政府が日本郵政株式会社の発行株式を全額保有していたことを考えれば、日本郵政発足の前後での国債保有の実態はほとんど変化していない。次に、第二の変化は、平成二五年四月の〝異次元の金融緩和〟開始前の年度と開始後の年度のものである。「政府」の国債保有の減少は、公的年金とりわけ年金積立金管理運用独立行政法人（ＧＰＩＦ）が保有している国債を株式投資に転換するのに合わせて、日本銀行が年間八〇兆円のペースで国債の買い入れを実施していることによる。周知のように、ＧＰＩＦはアメリカ社会保障年金信託基金に次ぐ世界第二位の資産規模を有し、平成二七年度末現在、約一四〇兆円を運用する公的投資ファンドである。もちろん、こうした日本銀行の金融政策は、マネタリーベースの拡大によって当初設定した二％のインフレ目標を達成しようとしたものであることはいうまでもない。国債の保有構造を形式的に見ると、「政府」から「中央銀行」への転換として理解できるが、実質的に政府の財政政策と日本銀行の金融政策が不可分のものとして実施されていると考えれば、両者は事実上ひとつの保有者として合計保有量によって状況を見るのは意味のないことではない。さらに、「ゆうちょ」や「かんぽ」は「金融機関」に分類されてはいるが、日本郵政株式会社の株式保有関係を念頭に置けば、国債への実質的な投資意思決定の主体は自ずから明らかである。

日銀の国債保有と〝ヘリマネ政策〟

緩む財政規律のなかで、大量に発行される国債を日本銀行の事実上の〝引き受け〟によってマネタリーベースを拡大する政策は、空からお金をばらまくような状況を揶揄するところから〝ヘリコプターマネー政策（ヘリマネ政策）〟とも呼ばれる[13]。日本銀行は政府から独立した意思決定主体であるが、実状は必ずしもそうではない。そうした状況を指し、いまや、日本銀行は「政権の執行機関に成り下がった」[14]と揶揄されてもやむを得まい。平成二八年一〇月にはその保有残高がついに発行額の四〇％弱、四〇〇兆円超となった。さらに、平成三〇年には日本銀行保有残高は五〇％を超えるともいわれる[15]。

わが国国債の格付け

このようなわが国における長期債務の保有に対して国際的な観点からは、かつて厳しい評価がなされたことがあった。平成一四年五月三一日、アメリカの格付け会社ムーディーズがわが国の国債の格付けを「Ａａ３」から「Ａ２」に引き下げたのである。これは当時のイスラエル、ボツワナと同じで、ムーディーズは引き下げ前から予告したために、政府はこの格付けについて反論と抗議を行い、格下げの理由説明を公開質問書（二〇〇二年四月三〇日）のなかで求めたことがあった。国債の格付けというのはその国の国債の信用の程度、いいかえれば債務不履行（デフォルト）についてのリスク評価である。ただ、もともと格付け会社は債券の発行体の信用度を財務的な観点から評価し、投資家にその情報を提供する民間会社のはずであった。にもかかわらず、債券市場にこれほど大きな影響力を及ぼすに至ったのは、各国の金融監督当局でつくるバーゼル銀行監督委員会が一九九〇年代後半、格付け会社の活用に動いたことによるともいわれる[16]。格付け会社のいわば〝勝手格付け〟による債権市場への影響力の増大は、同時に、各国の財政当局からの公然たる批判を呼び起こすものともなってきている。確かに、国内外を問わず格付け会社の〝ふるまい〟には眉をひそめたくなることも少なくない。こうした格付け会社に対しては規制強化が提起されたり、「格付け会社を格付けすべし」との厳しい見方も出てきている。ただ、このような格付け会社に対する厳しい見方は、わが国における長期債務依存の財政構造の問題性を免除するものでは決してない。ちなみに、平成二八年八月現在、わが国国債についてのムーディーズの格付けは「A1」となっている。なお、ムーディーズの格付けは、上位からAaa、Aa1、Aa2、Aa3、A1、A2、A3（以下、B、Cも同様）となっている。

デフォルトが発生しないといわれる根拠

にもかかわらず、わが国は国債に関するデフォルトすなわち債務不履行が生じない条件をもっているといわれる。なぜであろうか。簡単にいえば、国債発行額のほとんどが国内消化されているからに他ならない。日本銀行の大量買い入れによって市場で国債の絶対量が少なくなり、〝マイナスの金利〟という異常ともいえる現象が生じている。その原因は、市場に「利息を払ってでも国債が欲しい」という国内の投資者がいるところにある[17]。つまり結果として市場における国債の〝争奪戦〟が起きているともいわれる[18]。その結果、国債の債券額よりも取得価額の方が高くなることがあり、その場合には、貸借対照表上の「投資有価証券」の計上額を償却原価法によって減額し、差額の各年度相当分を償還年数にわたって費用計上するという会計処理すら求められるまでになっている。

現在では、わが国における国債保有の構造は実質的な財政政策と金融政策との一体化によって、次のような国債の移動パターンが定着してきている。

政府
⟵（発行）
GPIF、ゆうちょ銀行、かんぽ生命、その他金融機関等
⟵（売却）
日本銀行

しかも、そこには国民の貯蓄率の高さというわが国固有の土壌があり、それに支えられた事実上のパブリック・セクターによる保有すなわち国内消化がデフォルトを生じさせない最大の理由とされる。このようなわが国の特徴が、財政規律の堅持に危機意識を持たせない遠因ともなっている。

債務残高に関する情報の弱さ

問題は何か。結論を先に述べれば、債務残高に関する会計概念としての認識が十分でないことから、政府レベルおよび財政当局における危機意識が必ずしも切迫したものとはなってこなかったということである。もちろん、債務残高は個別財政データとしては公表されている。また、平成一一年度決算からは「国

の貸借対照表」が作成され、さらに、平成一五年度決算からは企業会計の考え方および手法を参考に貸借対照表、業務費用計算書、資産・負債差額増減計算書および附属明細書を内容とする「国の財務書類」が公表されている。しかし、行政の外延に存在する独立行政法人等に対する債務保証や損失補償の債務は、それに対する会計的な認識が不十分で、いわゆる〝隠れ債務〟、〝隠れ借金〟といわれる状況に置かれてきた。要するに、改革はなお不十分であると同時に、これまですでに作成されてきた公会計情報ですらも十分に機能しているとはいえない。したがって、財政赤字の解消や財政状態の改善への取り組みに問題が残されたままとなってきたのである。

こうした状況のなかで、財政制度等審議会／財政制度分科会／法制・公会計部会「財務書類等の一層の活用に向けたワーキンググループ」より「財務書類等の一層の活用に向けて（報告書）」（平成二七年四月三〇日）が公表された。そこでのポイントは次のように整理されている。

一　財務書類を用いた情報開示による活用

①　国民に対するわかりやすい説明

②　財務情報と非財務情報の統合等

③　地方公共団体の作成する財務書類との合算（連結）

二　財務情報を財政の健全化に役立てることによる活用

①　「超過費用」とプライマリーバランスとの比較

②　財政状態に及ぼす影響やその要因に関する説明の充実

③ 資産・負債差額の評価

三　行政活用の効率化・最適化のための活用

① インフラ資産台帳の整備

② 「政策別コスト情報」の改善

③ その他の企業会計的手法の活用

このような問題意識の共有と解決策が、今後どのように効果的な財政運営につながるかについては継続して観察する必要がある。

世代間負担の衡平性と世代会計

世代会計という考え方にも注目しなければならない。この概念は、アメリカにおける一九九三年度予算書のなかでその独立した章が設けられたことを契機として、国際的にも注目されるようになったものである。これは、財政の果たすべき役割に富の再分配によって、所得格差をできる限り小さくするという社会的衡平を会計情報の利用によって実現させようとする試みである。この概念は次のように定義されている。「世代会計とは、現行の公共政策のもとで現在世代および将来世代が現在から将来にかけて政府に支払うべき純納税額（支払い税額マイナス受取移転額）を直接計算したものである」[19]とする。

国民負担率と潜在的国民負担率

この考え方をさらに拡張して納税額のみならず社会保障負担をも考慮すれば、国民所得に対するそれら合計額の割合は国民負担率（＝租税負担率＋社会保障負担率）として表すことができる。簡単にいえば、所得のなかからいかなる割合が制度的に徴収されるかということである。そこに財政赤字を追加すれば潜在的国民負担率（＝国民負担率＋財政赤字国民所得比）となる。なぜならば、財政赤字が発生すれば、それを補填して年々の予算を成立させるためには公債の発行が避けられず、その償還は結局は将来にわたって国民の負担となるからである。いわば〝借金のツケ回し〟ということになる。こうした国民負担率とりわけ潜在的国民負担率の経年比較を行うことによって、各年度における負担の変化を読み取ることが可能となる。これら負担率の国際比較が財務省より毎年の財政関係基礎データとして公表されているが、それによれば、おおむねフランコ・ジャーマン諸国におけるる負担率の方がアングロ・サクソン諸国におけるそれよりも大きくなっている。とくに社会福祉が充実しているといわれる北欧諸国では高率の国民負担率となっている。ただ、社会保障負担はそのまま社会福祉の程度と直結することから、その時どきの国民負担率が過大なのか過小なのか、さらには、どの程度が望ましいかという評価は単純にできるものではない。しかし、政府の相対的大きさの比較は決して不可能ではない。さらに、こうした国民経済計算の観点からの量的分析に加えて、徴収された租税や社会保障料が、行政によってどのように支出されているかという定性的分析も行わなければ、負担率の真の意味における大小は評価できない。

公会計による世代間衡平性のコントロール

こうした負担率を国または地方自治体という個別経済主体における年々のフローで把握するとともに、財政規律をコントロールしようとする考え方はドイツ基本法に見られるとする見解もある[20]。その第一一五条および各州憲法に見られるように、「世代間の衡平性の原則」が基礎に置かれているといわれる。すなわち、それぞれの世代は彼らによって費消された資源を税収によって再び埋め合わせなければならず、そうすることによって、前の世代から受け継いだ資産を縮小することなく、後の世代に引き継いで行くことができるとする考え方である。リューダーはさらに会計的に具現するためにこの「世代間の衡平性」の考え方を「年度相互間の衡平性」に置き換え、純財産の変動ではなく運営成果計算書（企業会計でいえば損益計算書、現在提唱されている新しい公会計制度モデルでいえば行政コスト計算書）における資源費消（企業会計にいう費用）と資源回復（企業会計にいう収益）との対応のなかで考えるのである。

わが国における世代間衡平性の考え方

これと同様の考え方が平成一八年に総務省から公表された新しい地方公会計制度モデルのひとつ「基準モデル」のなかでも表明されている。そこでは貸借対照表で表示される純資産の変動こそが、現役世代と将来世代との間での資源の配分関係を表すとするのである。つまり、世代間の衡平性または利害の関係を年々のフローではなくストックの変化によっては把握しようとするのである。ただし、この「基準モデル」にはそのモデル設計の基礎にきわめて特殊な考え方が前提とされていることから、一見すると万人の共感を得られそうな理念が込められているにもかかわらず、実は容易に受け入れがたい内容を含んでいる。それについては改めて後述する。いずれにしても、これまで財政的思考またはマクロ経済的思考のなかで語られてきた世代間の衡平性を、公会計というミクロ経済的思考のなかでどのように表示し実現していくかの試みが、各種制度モデルのなかで提案されている。

注

1 太田哲三稿「官庁会計と損益計算」、『会計研究』第一三号（昭和九年一二月）。
2 亀井孝文著『公会計改革論―ドイツ公会計研究と資金理論的公会計の構築―』、白桃書房　平成一六年参照。
3 加藤芳太郎稿「行政管理理論・財務行政・政府会計制度」（加藤一明他著『行政学入門』、有斐閣　昭和五五年〈昭和四一年〉所収）。
4 東洋出版社　昭和九年。
5 全国会計職員協会　昭和二九年。
6 『企業会計』昭和三三年九月。
7 『會計』第八五巻第一号（昭和三九年一月）。
8 『會計』第八七巻第一号（昭和四〇年一月）。
9 『會計』第九三巻第五号（昭和四三年五月）。
10 国際公会計学会監修／編集代表　亀井孝文、ぎょうせい　平成二三年（国際公会計学会監修／編集代表　吉田寛・隅田一豊・筆谷勇、ぎょうせい　平成一四年の全訂版）。
11 財務省統計表（平成二七年度末）。

12　『平成二七年版　地方財政白書』。
13　朝日新聞、平成二八年九月一五日、大津智義・土居新平。
14　朝日新聞、平成二八年一〇月四日、「波聞風問」原真人。
15　朝日新聞、平成二八年一〇月一二日。
16　日本経済新聞、平成二四年七月一六日、「ワールドけいざい」。
17　日本経済新聞、平成二七年五月九日。
18　日本経済新聞、平成二七年五月九日「数字で知る日本経済Ⅱ」。
19　L・コトリコフ著『世代の経済学―誰が得をし、誰が損をするのか―』、原題：Generational Accounting – Knowing Who Pays, and When, for What We Spend –、（香西泰監訳、日本経済新聞社　平成五年）。
20　K・リューダー著／亀井孝文訳『地方自治体会計の基礎概念』、中央経済社　平成一二年参照。

第四章　現行制度の理解とその見直し論

現行の公会計制度の基礎は明治におけるわが国近代化のプロセスで形成されたものであり、すでに制度疲労を来している部分も少なくない。

また、現行制度について議論するさいに、ステレオタイプの理解が行われることも少なくない。本章では、現行制度をその本質から見てどのように理解すべきか、さらに、それをどのように見直して行くかを考える。

制度疲労の公会計

わが国の公会計制度は、大正から昭和、さらに平成へと時代が移った現在でも、本質的な意味においては明治時代から大きく変化していない。逆にいえば、この事実を見ても、明治の制度創設がいかに大きな意味をもっていたかということでもある。しかし、すでに制度疲労をきたしていることは否めない。本章では現行制度を改めて取り上げ、どこにどのような問題があるかについて考える。

現行の公会計および予算制度を形成するわが国の法律は、国では憲法（昭和二一年）、財政法（昭和二二年）、会計法（昭和二二年）、予算決算及び会計令（昭和二二年）等、地方自治体では憲法の他、地方自治法（昭和二二年）が中心となっていることは周知のとおりである。こうした各種の法律はすでに改正によって制度改革が行われた部分もあるが、その基本的枠組みのなかには見直しが急務となっている部分も少なくない。ここでは、まず現行制度の疑問点を整理してみたい。

「入」と「出」に二つの概念は必要か

国でも地方でも税収等の収入があり、それが財源となってさまざまな事業のために支出される。こうした「入」と「出」について財政法第二条第一項は「収入とは、国の各般の需要を充たすための支払いの財源となるべき現金の収納をいい、支出とは、国の各般の需要を充たすための現金の支払をいう」（傍点筆者）と定義している。さらに、同条第四項は「歳入とは、一会計年度における一切の収入をいい、歳出とは、一会計年度における一切の支出をいう」（傍点筆者）とする。つまり、「入」と「出」を、目的と手段という対応関係の限定、財務的資源という性質的限定、および、一会計年度という期間的限定によって三種類の概念を区別している。

したがって、供託金、財政投融資資金、貸付金返済のための受け入れなどは現金で収納されたとしても収入にはならない。あるいは、有形物や権利の寄付、例えば、相続税の土地などによる物納は収入とはならず、売却されて現金になったときにはじめて収入となる。また、「収入＝現金の収納」および「支出＝現金の支払」とされているにもかかわらず、「現金」についての定義があるわけではない。実際にはこのような「入」と「出」は金融機関を通じて日本銀行における政府預金が増減するに過ぎず、必ずしも貨幣としての「現金」が収納されたり支払われるわけではない。

このような現行制度の改革の方向について、現在、多くの見解のなかで共通しているのは次のようなものである。まず、第一に、取引の認識対象に目的と手段という対応関係の限定はなくなり、それは計算書のなかの表示区分の問題となる。第二に、認識の対象は、財務的資源のみではなく、経済的資源も含まれることとなる。第三に、経済的資源という価値ベースで捉えれば、期間限定概念は認識対象の限定のためではなく、計算書作成のための年度を区画する概念に変更されることとなる。

「会計の区分」とは何か

財政法第一三条第一項は「国の会計を分って一般会計及び特別会計とする」とし、地方自治法でも第二〇九条で「普通地方公共団体の会計は、一般会計及び特別会計とする」とし、財政法と同趣旨の規定を置いている。これは誰もが知っている概念であり、わが国で完全に定着している。しかし、「会計を分ける」とはどのような意味なのか。普段あまり問題とされることはないが、「一般の会計」とは何なのか、さらには、それに「予算」を付けて「一般の会計に関する予算」が何を意味するのかを改めて考えてみると、どれもわかるようでわからない。

「会計」ということばが現在と同じような意味で用いられ始めたのはわが国では江戸時代末期であるが、もとは古代中国の『越絶書』や『周礼』に見られることばで、「歳末の総決算」、「出納を計算する」との意味で用いられてきたという。後漢では類似の意味で「要会」が用いられ、「要」は月の計、「会」は歳の計を表した。先に言及した『徳川理財会要』でも「会」と「要」が使われている。要するに、「会計」は金銭の出納を記録する「手続き」という意味で用いられていたはずである。しかし、実際には、明治期の制度創設以来今日に至るまで、「会計」は「財政」の言い換えとして用いられてきており、このことが「会計区分」概念を意味不明なものにしてしまった。こうした用語法については、旧大蔵省昭和財政史編纂室編『昭和財政史　第一七巻―会計制度―』[1]でも、「現在では経理手続きを意味する「会計」が当時では財政全般を指称した……」と指摘し、政府自らも制度上の用語法と通常のそれとは異なることを認めている。財政制度における「会計」の用語法は、予算をめぐる立法と行政との間の権限争いのなかで、できるだけ行政手続的な印象を与えるための政治的意図が含められたものであったといわれる。このことは岩倉使節団がプロイセンで受けたアドバイスであったことはすでに述べた。

何を「区分」するのか

個人の家計でも、〝財布〟の中身を何にでも使えるものと、特定の目的のためだけに使えるものとに分けておくことはごく自然の考え方である。その場合、〝財布〟の意味をどう考えればよいのか。

諸外国のパブリック・セクターでも類似の区分は過去に見られ、また、現在も存在する。例えば、一九世紀末のドイツでは「通常予算」および「特別予算」という予算区分が置かれ、公債に関係する収支は後者で取り扱われた。この制度は一九六九年の財政改革まで用いられ、後になって、通常の行政サービスのための予算は「経常予算」として、さらに資産および負債に関する予算は「財政予算」として取り扱われることとなった。このような予算区分という考え方は、実はわが国における明治二二年の明治会計法でもとられ、「経常予算」と「臨時予算」に区分されていた。他方、アメリカでは「ファンド」の概念によって分類され、州・地方政府の場合、政府ファンド、事業ファンドおよび受託ファンドに大別されている。これらはひと組の独自平均勘定をもった財政上かつ会計上の実体として取り扱われている。かつてのドイツおよびアメリカの現行の制度から明らかなように、区分するとすれば予算の単位で考えるか、あるいは、政府における特定の組織単位として考えるというのが自然であろう。両者に共通しているのは、「ひとつのまとまりとして区画された資金」すなわち基金という本質である。わが国では「財政」を「会計」と言い換えてきたために、何らかの実体を区分しているのか、単に金銭の出納記録という手続きを分けているだけなのかが曖昧になってしまった。新しい会計制度への転換にさいして区分概念も再考する必要がありそうである。

「一般会計」における「一般」の意味

さらに、「一般会計」における「一般」の問題もある。「一般的にいえば……」、「一般論としては……」、「一般化すれば……」、「一般人として……」等は、便利な言葉として現代の会話でも文章でも多用されるが、実のところ、その「一般」は明確な意味をもっているわけではない。例えば、アメリカ大統領が年頭に上下両院合同会議に送る施政方針（State of the Union Message）をわが国では「一般教書」と呼び習わしているが、どのような経緯でこのような訳がつけられたのか。あるいは、わが国旧商法の模範となった法律がドイツの一八六一年商法典（Das allgemeine Deutsche Handelsgesetzbuch）であることはよく知られ、「一般ドイツ商法典」と訳されることが多いが、そこでの「一般」もわかりやすいとはいえない。当時のドイツは多くの領邦国家に分かれており、もとをただせば、すべての国家に共通して適用されるべき法律としてこの言葉が付された。したがって、「共通ドイツ商法典」または「普遍ドイツ商法典」としなければ適訳とはいえない。「一般の商法典」ではその意味は伝わらない。

いま改めて「一般会計」という用語を考えてみると、大方の理解は、特定の目的や事業にのみ用いられるのではなく、「共通して使用できる予算枠」との意味であろう。そうであれば、単刀直入に「共通予算」とするのがよい。「一般会計」という言葉には、すでに言及したように意味不明とも思える「一般」と、特定の政治的意図をもって用いられてきた「会計」とが含まれ、二重の意味において問題性を孕んでいる。再検討されなければならない。

「特別会計」の意味

特別会計の由来については第二章で述べたとおり、明治会計法では「本法に準拠し難きものあるとき」にその設置が認められるものであった。しかし、第二次世界大戦後のいわゆる昭和会計法（現行の財政法）に至って、それまで法律上なかった「会計区分としての特別会計」にいわば〝格上げ〟されてしまった。つまり、「特別会計」は、「一般会計」に対比させた形で財政法に明文化することによって、関係事業の所管にかかわる縦割行政を確固たるものとするのに一役買うこととなった。

ただ、収支を通常のものとそれ以外のものに区別する考え方は諸外国にもないわけではない。例えば、一九世紀から二〇世紀にかけてのイギリスでも普通の収入および支出以外に「別途勘定」を置いていた。この勘定の原語は below the line であり、毎年の Financial Statement における Final Balance-Sheet の欄外の収入の部に、Borrowings to meet Expenditure chargeable against Capital として、また、支出の部に、Expenditure chargeable against Capital として金額を計上し、または、各省予算見積書の欄外や適当な場所に記載することによって、資本勘定の収支を含めた歳計全体を概観する便宜としたという[2]。要するに、正規の記入を行う行の下に別途記入をしたものであり、「欄外会計」であるともいわれる。あるいは、ドイツの現行制度では、通常の予算とは区別して「特別財産」として別途取り扱われるものがある。このように、国にしろ地方自治体にしろ、何らかの概念と方法で〝財布〟を分けておくことは意味のないことではないが、敢えて分けるとすれば、わが国のように記録手続きではなく、何らかの実体でなければならない。

複式簿記の導入と発生主義の概念

現金主義および発生主義という用語は、会計学を学んだ者であれば必ず目にする基本的な概念である。かつては費用または収益の計上に関する認識基準として、つまり、費用または収益をどの時点で捉え帳簿記入するかという判断基準として説明されていたが、現在では費用または収益に限らず、すべての取引をいつの時点で帳簿記入するかを確定するための基準として理解されることが通例となっている。財または用役の受け渡しについて、その対価として現金の授受があった時点で、はじめて取引が成立したものとして帳簿記入を行う方法を現金主義会計といい、現金の授受とは関係なく、その原因が生じた時点で帳簿記入を行う方法を発生主義会計という。さらに、現金の授受以前に互いの債権債務が確実になった時点を帳簿記入の時点と考える「権利義務確定の原則」に基づく処理の方法もある。いずれにしても、認識基準が必要となるのは、現金の授受だけではなく、財または用役の受け渡し、あるいは、権利義務関係の発生も帳簿に記入すべき対象とされることが前提となる場合である。いいかえれば、何々主義というのは、帳簿記入の対象が単に現金等の財務的資源だけではなく、財または用役という経済的資源が含まれることを含意する。

「現行制度は現金主義」か

公会計の制度改革を論じるとき、多くの場合、これまでの制度で取られてきた現金主義の考え方を発生主義に転換すべきであるとの立論が行われる。しかし、こうした考え方は必ずしも正しくはない。理由は以下のとおりである。従来の公会計制度ではもともと帳簿記入の対象は現金収支のみであり、現金の収納と支払いの事実のみを帳簿に記入すればよかった。ということは、取引についての帳簿記入の時点はそのまま現金の授受の時点であることは当然であり、現金主義によるか発生主義によるかという選択の余地がなかったというよりも、そもそも認識基準の発想そのものを必要としなかったのである。前節で触れたように、公会計の測定の焦点にも経済的資源を含めたとき、すなわち、価値計算思考を導入したときにはじめて認識基準が必要となるのである。その段階で現金主義によるのか、それとも発生主義によるのかという選択の問題が生ずることとなる。これは次のようにまとめられるであろう。

現金収支計算（現行制度）――→認識基準不要
価値計算――→現金主義、発生主義等の認識基準必要

国際公会計基準（ＩＰＳＡＳ）は、発生主義とならんで現金主義も認めているが、それは価値計算を前提としたうえでのことである。要するに、価値計算の考え方は現金主義または発生主義という認識基準に結びつくが、現行制度で取られている現金収支計算はこのような認識基準には結びつかないということを理解すべきである。巷間よくいわれる「現金主義から発生主義への変革」という表現は、「価値計算のもとで発生主義概念を導入する」とすればよい。改めて考え直す必要がある。

「現行制度の簿記法は単式簿記」か

現行制度における簿記法についての理解も再考を要する問題のひとつである。多くの理解は、公会計は単式簿記であるから、これを複式簿記に転換しなければならないとする。すでに述べたように、簿記法は単式簿記と複式簿記の二種類のみではない。ドイツでは「単式簿記でも複式簿記でもない簿記法」としてのカメラル簿記が伝統的に公会計の簿記法として用いられてきており、二〇〇九年における公会計制度の改革後も、複式簿記とともにその適用が認められている。この簿記法は一つの帳簿のなかで予算額と実際額の両方を記入する方法である。一九世紀後半、スイスで複式簿記とカメラル簿記とを一体化したコンスタント簿記が用いられたことがあった。あるいは、オーストリアではカメラル簿記を改良した多段階簿記が実際に二〇一二年まで用いられてきた。これ以外にもカメラル簿記の改良型の簿記法が提唱されたことがあったが、それらの多くはカメラル簿記の範疇に入るものである。いまこれらをまとめれば次のようになる。

［簿記の種類］

- ・単式簿記
- ・複式簿記
- ・カメラル簿記（ドイツ語圏における公会計の伝統的な簿記法）
  - コンスタント簿記（カメラル簿記に複式簿記の要素を取り入れたもの）
  - 多段階簿記（カメラル簿記の改良型）
  - グループ簿記（カメラル簿記の改良型）

しかも、このカメラル簿記の記帳法が他ならぬわが国公会計の現行実務のなかにもなおなごりを留めている、という事実については第二章でも言及した。このことからもわかるように、「公会計は単式簿記」と定式化して理解するのは問題なしとはしない。ましてや、公会計制度の改革を「単式簿記・現金主義から複式簿記・発生主義への転換」として説明するのは大いに問題があるといわざるを得ない。簿記法と認識基準とに直接的なつながりはなく、そもそも両者を一体化して論ずることはできない。

出納整理期間の制度

財政法第一二条では「各会計年度における経費は、その年度の歳入を以て、これを支弁しなければならない」と規定されるように、会計年度は相互に独立したものとして取り扱われる。これは「会計年度独立の原則」といわれる。いうまでもなく、現金の収納も支払いもすべて年度末までに行われることが原則であることを意味することとなる。しかしながら、実際には予算計上された事業は執行されたが、なんらかの事情によりその支払いが年度内には行われず、翌年度に回されるということがある。そこで、例外的に会計年度を一定期間延長して支払いを行い、それが正規の年度内に行われたかのように会計処理するのが出納整理期間の制度である。

具体的には、国の場合、予算決算及び会計令第三条および第四条の規定により翌年度の四月三〇日まで現金の収納および支払いが認められ、さらに、同第四条で、国庫内の移換等特定の支出については、翌年度の五月三一日まで小切手の振り出し等を行うことができるとしている。また、地方自治体に関しては、地方自治法第二三五条の五は「普通地方公共団体の出納は、翌年度の五月三十一日をもって閉鎖する」と規定されている。したがって、会計年度終了後二ヶ月間、収納も支払いも事実上無条件で行うことができることとなるなど、国の場合の取り扱いとは細部において多少異なってはいるものの、いずれもこのような調整期間を置いている。つまり、形式上の年度末は三月三一日であるが、実質的な年度末は五月三一日であることを意味する。いいかえれば、実質的な一年度は一四ヶ月ということなのである。

出納整理期間制度の不適切利用

この制度は法律上認められているとはいえ、理論的には疑問となるばかりでなく、さらに、本来の趣旨とは異り不適切に利用される事例がこれまでに少なからずあった。その典型例のひとつが、平成一九年三月、旧地方財政再建促進特別措置法により財政再建団体に指定された夕張市である。同市では、特別会計が一般会計からの一時借入金で赤字を補填し、出納整理期間を利用して新年度予算からその借入金の償還を行うことによって、あたかも旧年度中に返済したかのように見せかけるという方法がとられていた。こうした手法は新聞でもたびたび報道され、例えば、「自治体　相次ぐ不適正会計」という見出しのもとで、九都道府県および五政令市において一般会計から公社等への貸し付けと償還の事例が明らかにされたこともあった[3]。いずれも出納整理期間を利用する方法であるが、とりわけ記事で言及されている複数の県では、貸付金を毎年四月に新年度予算から返済させ、前年度分の収入として処理している。この手法はかの夕張市とほとんど同様である。日本経済新聞によれば、総務省はこうした手法を少なくとも平成一八年度まで続けていた地方自治体が六八あったことを把握している[4]。不適正会計を指摘されたある県の財政課長は「政令にのっとった処理で違法ではない」と答えている[5]。確かに形式上は違法であるとはいえないが、同時に、適切であるとは決していえない手法の典型例であり、脱法行為といわれても抗弁できない。それだけにとどまらず、前年度内に業務執行それ自体が完了していないものについても、この期間を利用して追加的に執行処理をしてしまうこともあるところにより深い問題性を含んでいる。

出納整理期間に関する意識改革の必要性

この制度について日本公認会計士協会／公会計・監査特別委員会は問題点を概略次のようにまとめている[6]。

- ・貸借対照表を作成した場合、それが年度末の財政状態を表したことにならない。
- ・出納整理期間中の取引について、それがいずれの期間に帰属するのかの検証が困難となる。
- ・五月三一日の出納閉鎖日を待たなければ決算作業が完結できない。

日本公認会計士協会の同委員会はこのような問題意識に基づき、出納整理期間制度の廃止を提言している。しかし、地方自治体には当該制度の存続を望む考え方も少なくないのが実情であり、また、制度改革のために総務省、東京都等から提案された近年のモデルはすべてこの制度の存続が前提となっている。予算の執行すなわち取引の成立後も未収または未払いとなっているものについては、企業会計のように「見越」および「繰延」の経過勘定を設定することで会計処理は可能となる。その場合、予算執行の結果とキャッシュ・フローの結果を一致させることはできない。もともと、この両者は別ものであることを理解しておけば、両者を一致させなければならないという考え方は出てこない。出納整理期間の意味をめぐって、現行の公会計制度（旧制度）とこれからの公会計制度（新制度）との比較を図示すれば図表４－１のような関係となろう。

図表 4-1　新旧公会計制度の比較

旧公会計制度 ｛ 予算執行の結果（現行の現金収支会計）

新公会計制度 ｛ 金銭計算（キャッシュ・フロー会計）／価値計算（発生主義会計）

両者はもともと別もの ← この両者を一致させるための手段が現行制度における「出納整理期間」

正しい理解が浸透すれば、出納整理期間の制度の廃止は会計処理上決して難しい問題ではないが、最大の問題はそうした技術的問題ではなく、行政における責任者の意識の問題である。この制度の廃止によって、種々の操作を行うための〝便利な〟手段が失われることへの抵抗感は簡単に払拭できないのが実情である。まずはその意識改革を徹底しなければならない。

決算制度—予算に対するその取り扱いの軽さ

次に決算の問題を見過ごすわけにはいかない。国の場合、各省各庁の長は七月三一日までに前年度の決算報告書を財務大臣に送付すべきことが義務づけられており（予算決算及び会計令第二〇条）、七月三一日、財務省に備えられている歳入歳出主計簿が会計検査院の職員立ち会いのもとに締め切られる。これは「出納事務の完結期限」または「出納閉鎖期限」と呼ばれる。この手続きが終わると、憲法第九〇条第一項の「国の収入支出の決算は、すべて毎年会計検査院がこれを検査し、内閣は、次の年度に、その検査報告とともに、これを国会に提出しなければならない」という規定に従って手続きが進められ、決算が内閣から一一月三〇日までに会計検査院に送付されることとなっている（財政法第三九条）。会計検査の終了後、検査報告を受け取った内閣は、あとはそれを付した決算を国会に提出しさえすればよいことになっている。このように、決算は予算とは異なり、法律上は国会における審議も議決も必要とせず、ましてや、衆議院の先議権などあり得ない。また、会計検査院から何らかの指摘を受けたとしても当該機関の長は法律上責任を負うことはない。

地方自治体の場合には、会計管理者が決算を調整し、それを長に提出することとされている（地方自治法第二三三条第一項）。決算を受け取った長はそれを監査委員の審査に付し（同第二三三条第二項）、監査委員の意見を付けて議会の認定に付すことが義務づけられている（同第二三三条第三項）。このように、地方自治体の場合には決算を単に議会に提出するだけではなく、「認定」を受けるという手続きが義務づけられており、国の場合とは多少、異なる取り扱いが求められている。ただし、「認定」については法律上定義づけがなされているわけではない。ここで重要なことは、国にしろ地方自治体にしろ、決算の作成者が内閣または長であるとはされていないこと、あるいは、種々の取り扱いにおいても予算に比して決算が相対的に軽視されていることである。

決算への関心の低さ

各省各庁は前年度の決算を財務大臣に送付した後、その関心はただちに次年度予算に移ることとなる。いわゆる各省各庁からの概算要求であるが、これは前年度の八月三一日までに送付することが義務づけられ（予算決算及び会計令第八条第一項、第三項）、財務省の査定後、一二月に財務省原案が作成されて「予算案の内示」が行われる。要求が減額された省庁は財務省に対して復活折衝を行い、場合によっては、財務大臣と当該省庁の長との間でいわゆる大臣折衝が行われる。こうしたプロセスを経て、次年度予算は一二月下旬には事実上ほとんど決定されることとなる。同時に年内に次年度予算案が閣議決定され、翌年一月に始まる通常国会に内閣から提出されるというのがほぼ例年の予算編成の日程となっている。年末になると次年度予算に関するマスコミの報道も多くなり、とくに通常国会が開会された後は年度末にかけて予算審議が国会の最大の関心事となる。さらに、予算には衆議院の先議権等特別の取り扱い制度も置かれている。他方、決算も同時期に国会に提出され、決算委員会で取り上げられるのであるが、社会的な関心はほとんどもたれない。テレビによる国会中継の状況を見ても、予算への関心と決算への関心には格段の開きがある。決算に対する社会的関心度の低さは、議会にもそれを報道するマスコミにも責任があるが、何よりも制度上の問題である。

決算の法的重要化を図る必要性

予算と決算との両者の関係を考えてみると、行政にとっての究極の理想は、少なくとも歳出に関する限り、当初の計画通り事業が執行されて、予算と決算とが同じになることである。そうなれば、予算書のタイトルを決算書に書き換えれば簡単に決算報告書ができあがってしまう。ただ実際にはそうはいかない。景気の動向によってとくに税収は当初の見積りと異なるのがむしろ普通であり、事業も当初の計画通り執行できるわけではない。さまざまな不測の事態もあるが、どうあれ、行政府にとって決算は単に予算執行の結果以上の意味はもち得ない。〝すべては終わったこと〟なのである。経営成績によって株主への配当額や株価が変動する株式会社とは異なり、予算の執行によって生じた結果は、行政主体にとっては特別な意味をもたない。こうした制度では、各省庁およびその関係機関の関心は、いかに多くの予算を獲得し、獲得した予算をいかに当初の事業計画通りに執行するかに集中するのは無理からぬことである。単に予算優先主義ではなく、予算と同等の重要性をもつ決算のあり方を確立するためには根本的な制度改革がなされなければならない。

予算制度の構造的変革

予算と決算にはその取り扱いの違い以上にさらに基本的な問題が内在している。第一に、予算が金銭計算としてのみ行われてきたことである。つまり、予算の内容は収入および支出という予定現金収支の計算によって構成されている。このことは地方自治体の場合も全く同様である。第二に、予算単年度主義の問題である。そのことは基本的に一会計年度内で完結することとなり、経済性や効率性が阻害される可能性をもつ。そのために予算執行が基本的に目的別すなわち所管別に編成されることから、予算獲得活動は必然的にそれに対応することとなり、予算編成の割合が目的別に固定化する傾向をもつ。しかも、この問題は行政サービス提供のためのコスト面ではなく、現金支出における固定化として現れる。予算制度も根本的な制度変更が必要である。

予算編成における専門性の壁

国でも地方自治体でも予算には専門事務部局の関与がきわめて大きい。もちろん、総理大臣や長の強力なリーダーシップによって政策レベルで従来からの大きな方針転換がなされ、それが予算編成に変革をもたらすことはあるが、立法府ないし議会の側から予算についての統制機能を果たすのは簡単ではない。つまり、議員は最高の意思決定機関の立場から予算編成に関する統制機能を行使するというよりも、とりわけ国政レベルの〝族議員〟は、政権の予算編成方針を支える役割とともに、政党または会派、あるいは各省庁や部局、外部のプレッシャー・グループとの直接間接の連携のなかで、自らも予算獲得行動に関与するというのが実情である。議員にとって、予算編成に実質的に関与することの難しさは単に制度上の原因のみの問題ではない。個別事務事業については専門的な内容も多く含まれることから、その内容について詳細部分に至るまで把握し理解することはもともと不可能に近い。その結果、予算編成について議会が関与し得る内容や方法はきわめて概括的かつ限定的なものにならざるを得ず、行政におけるビューロクラートの強い力が発揮されることとなる。

予算審議における制度上の限界

予算は最終的には国会または議会の議決を経なければ成立しないが、議員が予算の内容について関与できる範囲は実質的に限定された部分のみである。まず、予算の構成は部、款および項に分類され、さらに、目および節に細分される。そのうち前者のみがいわゆる議決科目（立法科目、法律科目とも）で、後者は行政科目として議決の対象とはならない。しかしながら、実際には議決科目すら十分に審議が行われるわけではない。地方議会の場合、予算審議は首長の出席しない各常任委員会で当初予算審査として行われ、予算内容の説明と答弁は各部局の責任者と財政担当部局によって行われるのが一般的である。もちろん常設の予算委員会を設置することは制度上不可能ではなく、実際、近年では予算決算常任委員会という形態で設置される事例も見られるがそれほど多いわけではない。このような実情のなかで各常任委員会での予算審議を経て全体が目的別にまとめられ、長の権限として本会議に上程される。仮に議会から予算の修正提案、組替え動議等が提出されたとしても、長には再議、拒否権さらには専決処分を発動する権限が与えられており、議会における予算審議には制度上の制約条件が少なくない。

予算編成の改善策

予算編成の実務でとられる最も基本的な方法は、呈示された予算編成方針に従って個別の事業にかかる経費を積み上げ、それらの事業費を合計して財政部局に要求するというものである。いわゆるボトムアップ方式（積み上げ方式）といわれる方法である。しかし、この方法にはさまざまな問題が指摘されており、新しい予算編成の方法が試行されてきている。

かつて、予算編成を慣例や過年度の実績にとらわれず、ゼロからの発想によって必要なところに必要な額を割り当てるいわゆるゼロベース予算が実施されたこともあった。しかし、予算編成の事務量が増えすぎるとの批判もあって定着しなかった。結局、概算要求基準（シーリング）を設定して総額抑制しながら実績主義に拠るのが一般的となっている。

さらに、近年多くの地方自治体で部局別枠配分方式、また、それを改善した施策別枠配分方式などが行われている。この方法によれば、過年度の実績に基づいて各部局別に一定の金額が割り当てられる。つまり、財政部門から事業実施部門への部分的な予算査定権の委譲であり、それぞれの事業の実施にかかわる部門のモラール向上という効果が期待されるものである。各部局は割り当てられた金額をさらに小単位の部門に配分し、それを受けて担当部門では事業ごとに必要額を積み上げていく。ただ、配分の単位をあまり小さな個別事業にまで細分化し過ぎると、横断的な調整機能が働かなくなり却って予算が硬直化することになるという問題が生ずることもある。

市民参加型予算編成

予算編成にはさまざまな方法が検討されているが、諸外国で市民参加型の予算編成が試行され始めてすでに二〇年以上経っている。その典型的事例がブラジルのポルトアレグレ市における予算編成で、行政当局から提示された予算メニューに市民が優先順位をつけ、それに従って予算を決定するという方法が一九八九年度から実施されている。また、韓国ではポルトアレグレ市の制度を参考にし、二〇〇三年に光州市で住民参与予算基本条例が制定され、同様のタイプの市民参加予算制度が開始された。その後、大統領令によってすべての自治体でその導入が義務づけられているという。あるいは、イギリスのブラッドフォード市やコベントリー市における市民参加予算（Citizen Participatory Budgeting）、アメリカのシカゴ市における市民参加予算も同様の事例である。さらに、ハンガリーの「パーセント法」による国民参加予算もその事例のひとつである[7]。また、ドイツにおける「市民予算（Bürgerhaushalt）」の事例もある[8]。

さまざまな分権型予算編成

わが国でも新しい予算編成の方法がいくつかの地方自治体で試みられている。それはまず役所内部で適用する方法として構想されてきており、長の権限のもとにおける財政部門主導・集権型のトップダウン方式から、各部局ないし事業実施部門の責任者へ権限を部分的に委譲するもので、「庁内分権型予算編成」として特徴づけられる。近年における新しい試みは、この方式をさらに行政主体の外部にまで広げ、住民の意思を反映させた予算編成を実施しようとするものである。まず、予算要求の段階でパブリック・コメントを募る方法、あるいは、住民からの要望を査定に反映させ、その結果を公開して再度要望を受け付けるなど種々の方法が試行されている。さらに、「地域づくり委員会」を設置し、そこに一定の積算根拠によって算定された資金を一括交付する「地域予算制度」を実施している名張市の事例、また、小学校・中学校の校区を単位とする「地域委員会」を設置し、地域課題の解決のための予算に関する提案制度を創設した名古屋市の事例があるが、必ずしもうまく機能しなかった。

フルコスト予算の導入

予算編成をどのような権限関係のなかで実施するかという手続論とは別に、予算金額の査定ないし評価をどのように行うかの問題がある。わかりやすくいえば、現金主義に基づいて予算額を算出するのか、さらに発生主義に基づいて予算額を算出するのかということである。これについてはいろいろな検討が行われてきており、国際的な動向も相まってわが国でも大きな変化が起きつつある。つまり、現金収支に基づく事業別予算からフルコストに基づく事業別予算への移行である。現金収支に基づく予算編成では会計上のコストが含まれないが、近年、個別の事業にかかる人権費を含むフルコストによって予算編成を行う試みが提唱され、いくつかの地方自治体に導入されてきている。諸外国でも同様の認識から予算制度や編成実務の改革に関する議論が行われてきた。例えばドイツでは二〇〇九年の制度改革で「プロダクト予算」という考え方を取り入れた。この「プロダクト」という概念は「行政課題や行政運営によってもたらされる成果」を意味するもので、その行政課題や行政活動にかかわる予算を、そのサービスごとの原価の算定を行ったうえで編成するというものである。要するにアウトプット指向の予算編成であるが、そのプロダクトの内容は「プロダクト・カタログ」としてまとめられる。プロダクトが認識される単位としての個別の行政課題や行政運営は、わが国では個別の事務事業に相当するものと考えてよい。この制度ではプロダクトごとに行政活動の目的、法的・政策的任務の内容、達成すべき種々の指標等の説明がなされ、さらに、設定された目標の達成状況の説明も行われる。このように、予算編成に徹底した発生主義の概念が導入されている事例もある[9]。

減価償却論と建設公債主義の溝

フルコストを把握するには退職給与引当金繰入を含む人件費だけではなく、固定資産の減価償却費の計上も必要となる。しかし、企業では当然とされるこの費用計上も、パブリック・セクターの予算となると決して簡単な問題ではなくなる。しかも、これがなかなかの難物なのである。

地方自治体などが巨額の固定資産を取得または構築するにさいしては、資金調達のために公債を発行することがあり、その場合、年々の経費の計上は従来の方法では公債費という財政的経費で考えてきた。他方、会計的に考えれば、当該固定資産の経済的耐用年数にわたって減価償却費という費用で計上をしなければならない。しかし、とくに当該公債の償還期限が当該固定資産の耐用年数よりも短い場合などに問題が生ずることとなる。例えば、固定資産の耐用年数が五〇年、資金調達のために発行した公債の償還期限が一〇年、また、当該固定資産の残存価値はなし、定額法適用という事例を考えてみよう。費用計算の結果は減価償却費よりも公債費の方が大きくなる。その意味は次の通りである。

減価償却によって計上 ――→ 五〇年間にわたって按分
公債償還の観点で計上 ――→ 一〇年間の公債期間で按分

単純計算すれば、公債費は会計上の減価償却費の五倍となる。つまり、毎年、固定資産価値を費用配分する減価償却という会計思考によるよりも、公債費計上という財政的思考による方が多額に費用計上でき、一見より高い安全性を見込むことができる。したがって、赤字が出ても公債償還分が減価償却を上回る部分は問題なしと見ることもできる。同時に、仮想的な会計的発想による減価償却費の費用計上よりも、公債償還による現実的な現金支出で考える方がわかりやすいとの意見が出されることにもなる。とくに財政論や役所の現場感覚によるこうした考え方は「建設公債主義」とも呼ばれる。そこから減価償却不要論が主張されることがあり、会計論との不一致を解消するのは容易ではないという事情がある。

企業における退職給付引当金

発生主義固有の費用として退職給与引当金の問題もある。企業会計では企業会計審議会の「退職給付に係る会計基準」（平成一〇年六月一六日）によって、それまでの退職給与に関する会計処理の方法を国際的な基準に合わせる改革が行われた。その根拠は、退職一時金以外に企業年金制度にともなう企業の負担金額が、かつて会計上認識されてこなかったという問題意識によるものである。そうした事情のなかで、新たな基準は、退職給付債務は「一定の期間にわたり労働を提供したこと等の事由に基づいて、退職以後に従業員に支給される給付のうち認識時点までに発生していると認められるもの」との定義づけを行った。これにより、従来の過去指向の考え方に立つ退職給付の考え方が、将来指向の考え方に転換されることとなった。つまり、個々の従業員が退職後に受け取るべき企業年金等のうち、今後、退職までの勤務期間に生じる当該企業の負担額も含めなければならないこととなったのである。いいかえれば、過去の給付確定部分のみならず、将来の給付未確定部分にまで拡大し、企業が将来支払うべき金額を現在価値に割り引いたうえで負債計上するとともに、それに対応して費用も計上されることとなったのである。費用概念の拡大でもある。

地方自治体における退職給与引当金

さて、地方自治体の場合はどうか。地方自治体には公的年金制度の他に企業年金に相当するような自治体独自の年金制度があるわけではなく、これは公務員のための共済年金が厚生年金に統合された平成二七年一〇月の前後において変化はない。したがって、雇用者である地方自治体自身が認識すべき退職債務は基本的に退職一時金のみであることになる。つまり、企業のように年金数理計算を用いて、将来負担額を現在価値へ割り引く「退職給付引当金」の概念を用いる必要性は存在しない。したがって、退職給付に関する地方自治体の負債は退職一時金との関連で計上される「退職給与引当金」とその繰入を考えれば足りることとなる。

もっとも、アメリカにおける公務員の年金はわが国とは異なり、連邦政府や州政府、市、郡などの地方自治体が固有の年金制度を運営しているため、年金の積み立て不足によって破綻する地方自治体も現れてきているという。破綻懸念は市レベルのみではなく、イリノイ州などもそうした一例で、全米五〇州のうち深刻な積み立て不足を抱える州は二〇団体超にもなるといわれる[10]。こうした年金制度がとられている場合には、企業会計のような概念による引当金計上が必要となる。その意味において、わが国における公務員の年金制度はアメリカと同等に取り扱うことは適切ではない。

総務省の最初のモデル（平成一二年および一三年の「総務省方式」）以前は、退職給与引当金が設定されることはほとんどなく、例年の平均的な退職者数の予想を基礎にして経験的に退職手当の算定を行い、それを次年度予算に計上するという方法がとられていた。いわゆる「期末要支給額一〇〇パーセント計上方式」である。つまり、退職一時金に関する地方自治体の負担は単年度の支出として捉えられるだけであったため、それを負債として貸借対照表に計上するなどということは考えられていなかった。このことは平成一四年に筆者が実施した地方自治体に対するアンケート調査からも明らかである[11]。こうした実情のなかで、平成一一年度から開始された包括外部監査では、退職一時金に関する取り扱いが「特定の事件」（包括外部監査のテーマ）として複数の地方自治体で取り上げられたということもあった。

予算原則としての発生概念

議会における予算編成のための実質的な決定方法に限界があるのであれば、予算編成の基本方針を提起する行政の長はもちろん、それに直属する事務当局の意思決定の透明性をいかに確保するかの方法が重要となる。結論を急げば、これまで述べてきたような固定資産の減価償却費、退職手当引当金繰入、さらには損失補償引当金繰入等の発生概念による費用計上をルール化することによって、現金収支ベースではなく価値増減の発生による予算の編成を定式化することである。現金収支ベースによる予算は、目に見えない価値ベースでの予算計上よりも把握が容易に思われるが、反面、〝お手盛り〟のような政治的主導によって配分が影響された場合など、現金収支ベースの方が却ってその根拠を欠くことがある。むしろ、ここに列挙したような発生概念に基づく費用について、始めにその算定方法さえ決定しておけば、そこに操作性が入り込む余地は少なくなる。もともと行政における事業の執行ないし行政サービスの提供は価値を提供することであり、現金収支を伴うものも伴わないものもある。価値ベースで予算編成をすることによってはじめて行政サービスのコストが把握できることとなる。さらに、公債発行で取得した固定資産に関して、その公債の償還を「公債費」とすることによる費用の過大計上や、逆に、種々の引当金繰入が行われないことによる費用の過小計上を避けることが可能となる。このように、従来型の単なる現金収支ベースによる予算編成ではなく、価値計算に基づく予算編成の制約条件を制度にビルトインすることが重要である。

予算にも発生概念を導入することについて、平成二七年四月、筆者は全国八五九の都道府県および市区を対象に実施した公会計改革に関するアンケート調査のなかで尋ねた。この質問に対して「必要」と回答した団体が全体の四二・八％、「不要」が一三・一％、「わからない」が四四・一％であった。この調査結果を見る限り、発生概念による予算の導入にはまだかなりの時間がかかりそうである。このアンケートについては第一〇章で改めて言及する。

「予算規律」の設定

財政の健全化を維持するために設定された数値目標としての「財政規律」という概念がある。一九九三年にヨーロッパの体制がEUとして新たに発足したとき、当時のマーストリヒト条約によって加盟国の財政運営をコントロールするためのルールが導入された。第三章ですでに紹介したように、財政赤字は単年度で対GDP比三%以下とし、また、公的債務を対GDP比六〇%以下とするというものである。

わが国の国債発行における枠設定（平成一四年度予算）についてもすでに言及したが、その後も「財政規律の堅持」、「国債発行額三〇兆円からの最小限の乖離」、「一般政府の支出規模の対GDP比を上回らない国債発行額」等の「財政規律」が提起されてきた。その問題や評価はおくとして、予算編成にこうした財政運営の基本方針を反映させると同時に、「予算規律」とでもいうべき予算原則としての発生概念を導入することは、査定にさまざまなバイアスが介入する余地を小さくする効果をもつものである。実際、EUでは予算に発生主義を取り入れたヨーロッパ公会計基準（EPSAS）が検討されている例をみると、わが国でも同様の議論を始めることが必要となろう。

現行制度における問題は山積しているが、まずその実情を認識すると同時に、単に実務的便宜からだけではなく、理論的にも整合性をもつ制度形成への議論が望まれる。

注

1　東洋経済新報社　昭和四一年〈昭和三四年〉。
2　石黒利吉著『英國豫算制度論』、八州社　大正一三年。
3　日本経済新聞　平成二一年三月二日。
4　日本経済新聞　同。
5　日本経済新聞　同。
6　「公会計・監査特別委員会研究報告第一号」、平成二〇年一〇月七日。
7　諸外国の事例については、兼村高文／ロザリオ・ラフッタ稿「市民参加予算のこれから　各国の現状から考える（上）、（中）、（下）」、『地方財務』平成二三年六月号、八月号および一〇月号参照。
8　宇野二朗稿『平成二四年度比較地方自治研究会調査研究報告書』、平成二五年三月参照。
9　亀井孝文編著『ドイツ・フランスの公会計・検査制度』、中央経済社　平成二四年参照。
10　日本経済新聞　平成二七年五月一九日、野毛洋子。
11　亀井孝文稿「地方自治体における退職給付債務の会計処理」（『地方財務』第五七五号〈平成一四年四月〉）参照。

第五章　改革提言の先陣争いとその終焉

わが国でも、近年、公会計に関するいくつかの制度モデルが提唱され、さまざまの議論を呼んだ。しかし、そこには相容れない本質的な相違があり、なかには政治的な色彩を含んだモデル提案もあった。近時、地方制度を所管する総務省から地方公会計についての統一的な基準が呈示されるに及んで、さまざまな問題を内包しつつも、わが国におけるモデル鼎立状態がようやく終わろうとしている。

制度改革論第一期（明治前半）

制度というのはその創設とともに常に改革問題が付随するものであるが、公会計制度に関する変革とその見直しの歴史についても、第二章で述べた通り、明治の制度創設期に制定された規則や条例が次々に廃止または改正されていった事実を見れば明らかである。これまでの経緯を振り返ってみると、わが国における制度改革の議論は大きく四期に分けることができる。まず、明治前半における制度の生成発展期を第一期とすれば、その後は以下のように理解することができよう。

制度改革論第二期（昭和三〇年代）

公会計制度の確立後、大正を経て昭和に入ってからは個人の意見表明こそ散見されるが、制度改革についてのまとまった組織的検討となると皆無に等しい。その後、数十年以上を経過して昭和三〇年代になると、制度改革へのさまざまな提言が現れてきている。いま、改革に関する政府またはその関連組織の意見書や報告書の状況は次のとおりである。

① 昭和三七年　地方財務会計制度調査会「地方財務会計制度の改革に関する答申」
② 昭和三八年　大蔵省主計局法規課「官庁会計複式簿記試案（未定稿）」
③ 昭和三九年　臨時行政調査会「予算・会計の改革に関する意見」

このなかで、昭和三八年の大蔵省主計局法規課による報告書は正式に公表されたものではないが、官庁会計に複式簿記を導入すべきかどうかについて会計学者、商法学者、その他専門家によって検討が重ねられ、その検討内容がまとめられたものである。理論的な観点からしてもすぐれた報告書であると評価できる。ただ、結論としては、どのような簿記法を適用するかは会計領域によって区別されなければならないとしながらも、最終的に「一般行政的な官庁会計における複式簿記の採用については大いに疑問があるといわざるをえない」と結んでいる。

制度改革論第三期（昭和五〇〜六〇年代）

昭和三〇年代終わり頃から十数年間、個人的な見解の開示もないわけではないが、政府系または組織的な議論の空白期間が続く。高度経済成長期と重なっているが、それが公会計の制度改革になんらかの影響を及ぼしたのかどうかは不明である。昭和五〇年代から六〇年代になると外国における公会計改革の先進的事例の影響が少しずつ見られるようになる。その経過は次のとおりである。

①　昭和五五年　地方自治協会（財団法人）「新財政診断手法の開発に関する研究Ⅰ」
②　昭和五六年　地方自治協会（財団法人）「新財政診断手法の開発に関する研究Ⅱ」
③　昭和五七年　地方行政システム研究会（財団法人）「地方公共団体の連結・総合決算に関する研究」
④　昭和五七年　日本公認会計士協会近畿会・社会会計委員会「地方自治財務会計制度に関する研究」
⑤　昭和六二年　地方自治協会（財団法人）「地方公共団体のストックの分析評価手法に関する調査研究報告書」

⑥　昭和六三年　地方自治協会（財団法人）「企業会計的手法による財政分析と今後の財政運営のあり方に関する調査研究報告

これら地方公会計に関する提言からわかるように、所管省庁は制度に関する提言を直接行うことには慎重で、実質的に当該省庁が関与したとしても、報告書の成果は、当該省庁と関連はあるが制度上異なる組織から公表するという方法をとることが多い。また、政府系のものではないが、昭和五七年の日本公認会計士協会近畿会・社会会計委員会による研究報告は、後述するように、市民の観点に立つ制度改革論として展開された野心的な内容をもっている。これらを除けば、この段階での提言は複式簿記の適用を行わずに、決算統計その他の財政データを利用して、いかに簡便な方法で財政分析のための会計情報を作成するかが主題となっている。これらの詳細な検討についてはすでに別の機会に論述した[1]。

制度改革のポイント

要するに改革論のポイントは、どのような簿記法をとるかにかかわらず、公会計情報に会計理論を意識したフロー計算書とストック計算書との両方を入れるということである。現行制度では歳入と歳出というフローは明らかとなっているが、地方自治体が資産と負債というストックをどれだけ保有しているかは明確にされてはいない。もちろん、地方債の発行額は別の情報公開によってわかるが、それは〝借金〟であって負債ではない。フローとストックがどのような関係にあるかを示すということは、その表面だけを見れば、「公会計の企業会計化」であると理解されることもある。しかし、決してそうではない。そもそも企業と自治体のようなパブリック・セクターとでは組織目的を全く異にしている。ここでは、ＮＰＭ（ニュー・パブリック・マネジメント）論のように、企業も行政も顧客を相手にするサービス提供組織として理解し、公会計にも企業会計をそのまま導入すればよいとする考え方を基礎にはしていない。ただ、企業会計であれ、公会計であれ、会計論としての基礎的思考に立って「計算構造の本質論」から考えれば、価値計算のフローとストックに関する会計的表現に区別はない。

会計の考え方と抵抗感

会計論としての考え方や手法は、まず、会計の認識対象として、カネだけではなく、モノやサービスの価値にまで焦点を当てるところに重要なポイントがある。やや硬い表現をすれば、測定の焦点が財務的資源だけではなく経済的資源にまで拡張されるということである。さらに記録の方法には複式簿記が用いられることとなる。複式簿記というのは単式簿記とは異なり、一つのことがらにつき価値を「入」と「出」の二つの方向から理解し、それぞれに一定の名称すなわち勘定科目を付して「借方」と「貸方」に分類する。この手続きを例外なくすべての取引について行う。それによって、フローを表す勘定とストックを表す勘定の大きな二つのグループに分類して、それぞれひとつずつの計算書にまとめたものがフロー計算書とストック計算書ということになる。しかも、これら二つの計算書における貸借の差額は当然にして一致するという論理性をもっている。複式簿記というのは実にうまくできた記帳法なのである。さらに、価値の増減を現金の授受の時点で記帳するのではなく、その原因が生じた時点で記帳するという「発生主義」という考え方に立って理解する。

すでに明らかなように、組織目的や会計の本質的考え方にかかわらず、公会計でも手続き面では企業会計で培われてきた方法が援用されることとなる。しかし、考え方の根本的変更に対する抵抗感や否定的感覚をもつ行政の実務担当者、財政学者または行政学者は少なくない。

制度改革のための刺激

制度を改革するには刺激要因が必要であるとする考え方がある。簡単にいえば、何らかの原因や理由または組織にとってよほどの不都合がない限り、誰も現状を変えようとは思わないということである。さらに、刺激要因が存在する場合でも、制度を変更するには、刺激が国民、住民あるいは政治家の抱く期待や行動の変化に影響を及ぼし、さらに、行政担当者の行動の変化に影響を与える程度に大きなものでなければならない。こうした意味における刺激要因が制度改革につながった典型的事例がニュージーランドと韓国である。ニュージーランドは一九七〇年代にイギリスが財政逼迫に陥ることによって、特恵国待遇が得られなくなったという事情があった。また韓国の場合には、一九九七年のアジア通貨危機の結果、ＩＭＦからの支援を受けるという事態となった。こうした刺激によって、それぞれ財政運営の大幅な見直しをせざるを得ず、その記録と財務情報の提供を担当する公会計制度も改革を迫られることとなったのである。

また、イギリスやアメリカのように基準設定にさいして、常に国際的に主導的な地位を獲得しようとする場合も制度改革のための大きな刺激要因となる。ドイツやフランスの場合にはこうした意味での刺激はそれほど大きくはないが、ＥＵ加盟国という環境が刺激要因となる。

わが国における刺激要因

わが国の場合、こうした刺激要因はどのように考えられるのであろうか。周知のように、わが国にも財政赤字と巨額の長期債務残高増加の問題がすでに長期にわたって存在している。また、地方分権が提起されるようになってすでに久しい。これらの諸問題は制度を改革する十分な刺激要因になりそうであるが、実のところ、国民や住民にとっても行政担当者にとっても行動の変化に決定的な影響を与えるほどの刺激にはなっていない。そうした環境のなかで、わが国にあっては、政権政党のトップリーダーの主導によって〝中央集権的手法による分権化〟という自己矛盾のような方法によってさまざまな改革がなされてきた。その結果についての評価は措くとして、いずれにしてもわが国において大きな刺激要因となり得るのは、国内に存在する財政赤字問題や長期債務残高問題それ自体ではなく、結局わが国の財政運営に対する外国からの批判的評価ということになるのであろう。なんらかの変更というものは、結局、〝せざるを得ない〟、〝迫られる〟という状況がなければ実現しないのが常かもしれない。

公会計モデル提唱の質的転換

わが国における公会計制度についての改革の議論がすでにかなり長い歴史をもっていることはすでに述

べたとおりであるが、それは個人的な見解の表明が中心であり、そうでない場合でも、現行制度の考え方の枠組みにおける部分的な改善の範囲を超えるものではなかった。その改革論が複式簿記導入論や発生主義概念の導入論をともなった組織的な提唱として現れ始めたのは、平成に入って一〇年ほども経過してからのことである。それまでは、ニュージーランドをはじめ諸外国における新しい公会計制度の紹介と比較研究、改革論の検討など研究者による情報発信が大部分であったが、それを基礎にした制度改革についての広範な議論がわが国でも少しずつ現れてくることとなる。こうした研究の高まりとともに、長年にわたって検討されてきた道州制に代表される地方分権論や、国と地方との間の税源の委譲や財源配分の問題が、公会計制度の改革を進展させる方向へと直接間接に影響を及ぼしてきた。その理由は、公会計が単に公金の出納管理手段であるというだけではなく、行政のアカウンタビリティを解除するための手段であること、財政運営に関する評価を含めて今後の意思決定の支援ツールとなり得るものであること、国民・住民における世代間の衡平性を計るための情報提供手段となるものであること等、公会計の本質論に新しい視点が加わったことによる。つまり、公会計が外国の制度紹介や比較研究、あるいは理論研究のみの段階を越え、制度再構築のための具体的な提案という実務レベルの問題に進んできたのである。

制度改革論第四期（平成初期～現在）

それら制度モデルの提案の内容については、簿記論、計算構造論、制度の枠組論等の観点からすでに詳細に論述してきたこともあり[2]、ここではその個別の内容に改めて触れることはせず、各種のモデル提案の経過を時系列的に列挙するにとどめることとする。

さて、この時期における基準およびモデル提案は次のとおりである。

①　平成九年　社会経済生産性本部（財団法人）「決算統計に基づいた企業会計的分析手法研究報告」
②　平成九年　日本公認会計士協会「公会計原則（試案）」
③　平成一二年　自治省「地方公共団体の総合的な財政分析に関する調査研究会報告書」
④　平成一二年　財政事情の説明手法に関する勉強会「国の貸借対照表の基本的考え方」
⑤　平成一三年　総務省「地方公共団体の総合的な財政分析に関する調査研究会報告書―「行政コスト計算書」と「各地方公共団体全体のバランスシート」―」
⑥　平成一五年　日本公認会計士協会「公会計原則（試案）」改定版
⑦　平成一五年　日本公認会計士協会「公会計概念フレームワーク」
⑧　平成一六年　財政制度等審議会「省庁別財務書類の作成について」
⑨　平成一七年　東京都「東京都会計基準」（以下、「東京都モデル」）
⑩　平成一八年　新地方公会計制度研究会「新地方公会計制度研究会報告書」（以下、「一八年報告書」）
⑪　平成一九年　総務省「新地方公会計制度実務研究会報告書」
⑫　平成二六年　総務省「今後の新地方公会計の推進に関する研究会報告書」（以下、「二六年報告書」）

こうした基準または制度モデルの提案以外にも、総務省は、「総務省方式改訂モデル　財務書類の記載要領（改訂版）」（平成二二年三月）、地方公会計の整備促進に関するワーキンググループ「地方公共団体における財務書類の活用と公表について」（平成二二年三月）、『「地方公共団体財務書類作成にかかる基準モデル」及び「地方公共団体財務書類作成にかかる総務省方式改定モデル」に関するQ＆A』（平成一九年一〇月、平成二〇年一〇月改訂、平成二三年三月改訂）、さらには、平成二六年に公表された前記の報告書による基準（以下、「統一基準」という）に関連する「統一的な基準による地方公会計マニュアル」（平成二七年一月、以下、「マニュアル」という）等を精力的に公表し、地方自治体における公会計制度の整備に力を注いでいる。

このような矢継ぎ早の各種提案でとくに重要なのは、東京都と総務省との両モデルである。

首長の強力なリーダーシップ

東京都は平成一七年に独自の立場からその基準を公表し実務適用している。その内容の詳細については、先に述べたように、筆者前掲書[3]に譲ることとして、ここではそれがもつ意味について触れておきたい。

東京都では危機的な状況にあった都の財政を立て直すために、すでに基準公表の数年以上前から企業会計の手法による財務書類の作成と活用を打ち出した。その具体的な方法として、貸借対照表、行政コスト計算書およびキャッシュ・フロー計算書の作成を事業別に行うとともに、連結ベースでも作成するための抜本的な改革を行った。それによって財政状況を明らかにし、事業の効率化に役立てるというものである。高山市（岐阜県）、臼杵市（大分県）など、それまでにもバランスシートを作成するという試みはあったが、東京都のモデルは大規模な組織的取り組みとしては先進的なもので、しかも、知事の強力なリーダーシップによって推進したという特徴をもつものであった。平成一四年には本格的に複式簿記を適用し、発生主義概念に基づいて財務書類の作成を行うことを決定している。これが「東京都モデル」につながっていくこととなったのである。東京都はその新しい会計手法を定着させるために、まず、職員研修の実施にも重点を置くとともに、新しい公会計システムの開発を推進したのであるが、それらのために要した事業費は二二億円ともそれ以上ともいわれる。

新公会計モデルをめぐる対立構造

「東京都モデル」の翌年、総務省が「一八年報告書」を公表し、そのなかで二つのモデル（「基準モデル」および「総務省方式改訂モデル」）を呈示したことはすでに誰もが知るところである。

「東京都モデル」も総務省の「基準モデル」も複式簿記を適用し、発生主義概念に基づくという意味においては共通するが、税収をどのように考え、どのように会計的に処理するかについて、両者は決定的に異質なものとなった。具体的には、「基準モデル」が住民主権という発想をモデル構築の根底に据え、「税金は納税者の拠出であり、納税者は行政に対しその持分権を留保する」とするいわゆる「税収持分説」を理論的基盤とするのに対し、「東京都モデル」は「税収は納税者の持分でもなければ、あるいは自治体にとっての収益でもない」という考え方をとる。また、資産の評価基準に関して、「東京都モデル」は取得原価を採用し、「基準モデル」は公正価値を採用するという大きな違いが生じてしまった。他にも相違点はあるが、根底的なものはこれら二点に絞ることができ、ここに両者の全く相容れない関係ができ上がったのである。新公会計改革に先に踏み出したのは東京都であり、総務省はいわば後発であるが、東京都は総務省からすれば一地方自治体である。総務省の「一八年報告書」が公表された翌一九年三月、総務省、東京都、財務省、日本公認会計士協会のそれぞれの関係者をパネリストとして、国際公会計学会主催による「公会計改革シンポジウム」が東京で開催され、筆者がその司会を務めたおりにも、総務省の立場と東京都のそれとの間でかなり厳しいやり取りが行われた。これは、地方自治行政を所管する総務省の立場に対し、カリスマ性と強烈な個性をもつ当時の東京都知事の意思を反映したせめぎ合いといってもよい。

政治的連携と公会計制度の改革

こうした事情に加えて、平成二一年六月、大阪府は新公会計制度プロジェクトチームを発足させ、東京都の協力を得て平成二二年八月に「大阪府の新公会計制度（案）」（以下、「大阪府モデル」）を公表し、翌年度の試験運用を経て平成二四年より本格運用が開始された。この間、平成二二年には『公会計改革白書―複式簿記・発生主義会計による自治体経営白書』が東京都と大阪府との連名で公表されている。この『白書』は「……会計制度改革に共に取り組む東京都と大阪府が、この国に真に役立つ公会計制度の構築に向け、国家的討論の出発点とすべく作成した」（石原慎太郎東京都知事の巻頭言より）ものであるとされ、「日々仕訳方式による新公会計制度の導入について、この白書を活用して……、積極的な検討をお願い」（橋下徹大阪府知事の巻頭言より）したいと他の地方自治体に呼びかけた（知事職はいずれも当時）。

さらに、愛知県は、「東京都モデル」と「大阪府モデル」の呈示を受けてそれらの協力のもとに、平成二五年三月、「愛知県の新たな公会計制度〜公会計とマネジメントプロセスの一体改革〜」（以下、「愛知県モデル」）を公表し、同年四月からの試験運用を経て平成二六年四月より本格運用に入っている。大阪府モデルにあっても「愛知県モデル」にあっても、本質的には東京都のものと同じである。ただ、それぞれの特徴を出すために差異が見られるが、その詳細については筆者前掲書（平成二五年）に譲ることとする。

これら以外にも東京都の会計システムを導入している自治体は存在するが、とりわけここで取り上げた財政規模の大きな自治体の公会計制度の改革は、首長による政治的連携という色合いを強く感じさせるものとなった。制度の創設や改革にさいして、政治性という問題はいつの時代にあっても同様で不可分のもののようである。しかし、別の見方をすれば、地方自治体の政策ないし基本方針をどのように実現するかはまさに政治そのものであり、その自治体の政治や経済を預かる首長の政治的手腕にかかっていることは当然であるともいえる。その意味では、これら自治体の事例は、首長の力量しだいで根本的な変革を実現することも不可能ではないということを証明したものでもある。

総務省による制度改革の推進

平成一八年の「基準モデル」および「総務省方式改訂モデル」の公表とあいまって、同年六月の「簡素で効率的な政府を実現するための行政改革の推進に関する法律」（いわゆる「行政改革推進法」）によって地方でも同様の改革を進めるインセンティブが与えられるとともに、同年八月には「地方公共団体における行政改革の更なる推進のための指針」（総務事務次官通知）をもって、公会計改革について取り組みが進んでいる団体、都道府県、人口三万人以上の都市は平成二一年までに、取り組みが進んでいない団体、町村、人口三万人未満の都市は平成二三年までに財務書類を作成することが要請された。また、翌平成一九年、これらモデルの実務適用をいっそう推進することを目的として「新地方公会計制度実務研究会報告書」が公表され、より簡潔化した財務書類も容認するとし、さらに、固定資産台帳の整備が必要であるとの認識を示した。これは「総務省方式改訂モデル」の基本となっている決算統計等の測定基準が財務書類作成のためのそれとしては精緻さを欠き、「基準モデル」が前提とする公正価値評価との間に乖離が生ずるとの理由によるものである。

その後、平成二二年三月、総務省より「総務省方式改訂モデル　財務書類の記載要領（改訂版）」が公表され、そのなかでは「改訂モデルは発生主義、複式簿記の基本的考え方をその基礎としつつ、財務書類の作成における実務にも配慮したモデル」であることが改めて表明された。さらに、「総務省方式改訂モデル」でも公正価値（具体的には再調達価額）によることがはじめて明言されたのも注目される。ただ、決算統計等のデータを用いることとの関連、および、複式簿記による継続記録法との整合的関連性については、少なくともこの段階ではまだ言及されていない。

一見魅力的な「税収持分説」

税収を行政の側からみてどのように理解するかについては大きく二つの考え方がある。ひとつは「税収収益説」であり、他のひとつが「基準モデル」が立脚する「税収持分説」である。前者は税収を企業における売上等と同じように収益と捉えるもので、考え方としては単純明快でわかりやすい。それに対して、後者は、税は行政が法律を根拠とし公権力をもって徴収するものであることから、企業が経営努力によって稼得した収益とは本質的に異なるものであるという考え方に立つ。つまり、税は行政に対する住民の拠出であり、行政に対する納税者の持分であるとする。また、近年世界の行政改革をリードしてきたNPM論が、政府を「行政サービス提供機関」、国民・住民を「顧客」、つまり、両者を行政サービスの「売り手と買い手」という対立的構造のなかで理解するのに対し、「税収持分説」はそれを批判するところから始まる。いいかえれば、「基準モデル」では両者を対立的関係から考えるのではなく、国民ないし住民こそが主権者であり、その権利を複式簿記という記録手段を通じて、財務書類に表現するのが公会計の役割であると理解する。一見、論理的であり、万人から受け入れられそうな考え方ではある。しかし、国民ないし住民の主権という法的かつ抽象的な概念がどのような論理で貸借対照表上の具体的な財産権に変換されるのかに関する説明がなされていない。また、〝主権者たる住民〟が、例えば当該自治体から他の地方自治体に転居するさいに、自らの持分に相当する財産の返還を居住自治体に請求することが可能かどうか。これについての説明もなされていないが、答えは自ずから明らかである。

いま、この「税収持分説」の本質をより深く理解するために、家計や企業における次のような簡単な財産表や貸借対照表をみればわかりやすいであろう。

家計の財産表

家計での財産状況を単純化して、所有している財産と借金とを並べれば、財産がどの程度借金で賄われており、実質的に自分の財産といえるものがどれだけあるのかがすぐにわかる。この財産を左側に、借金を右側に表示し、さらにその差額として実質部分を右側に書き足せば図表5―1のような簡単な財産表ができ上がる。

数字はすべて仮の貨幣単位である。この財産表は、種々の財産を合計一〇〇所有している場合でも同時に借金を四〇抱えていれば、正味の財産は六〇であることを示している。

図表5-1　家計の財産表

左	右
預金・家・土地・車等 (100)	ローン等 (40)
	実質の財産 (60)

貸借対照表の基本構造

図表5―1の計算書が貸借対照表（バランスシート）の最も基本的な仕組みを表していることはすでに誰の目にも明らかであり、計算書の左側が複式簿記でいう「借方」、右側が同じく「貸方」であることはいうまでもない。そこで用いられる勘定は貸借対照表に関連する資産、負債および資本の三つに大別される。この考え方に基づいて図表5―1を資産、負債および資本からなる企業の貸借対照表の形式で表せば図表5―2のようになる。

図表5-2　貸借対照表の基本構造

借	貸
資産 (100)	負債 (40)
	資本 (60)

「純資産」、「資産・負債差額」、「正味財産」それとも「純財産」、どれが本当か

行政の場合も基本的に企業の貸借対照表と同様に表示され得るが、「資本」概念は当てはまらないため、それを資産から負債を差し引いた「純資産」とする考え方や、単なる貸借差額であってそれ以上の意味はないとして「資産・負債差額」とする見解がある。平成一一年に作成が始まった「国の貸借対照表」は後者の考え方と表示方法をとっている。それに対して総務省の各モデルないし基準では「純資産」としている。また、「東京都モデル」では「正味財産」である。筆者は、これら種々の考え方ないし表示に対し、「純財産」とすべきとの考え方をもっている。理由は以下の通りである。まず、貸借対照表の借方も貸方のいずれも「財産」であるが、貸借の違いはそれが「正」であるか「負」であるかである。そう考えてこそはじめて、単に計算上の差し引きだけではなく概念上も差し引き計算が可能となる。すなわち、「正の財産－負の財産＝純財産」と理解できることとなる。「資産－負債＝純資産」という計算はあくまで計算上のものであって、概念上は成立しない。ともあれ、総務省の各モデルにおける表記と筆者の見解とを並べて表示すれば先述の貸借対照表は図表5－3のように表される。

図表 5-3　貸借対照表の基本構造

借	貸
資産 正の財産 (100)	負債 負の財産 (40)
	純資産 純財産 (60)

（それぞれ上段は総務省、下段は筆者）

「税収持分説」に秘められた本質

以上の貸借対照表はいずれも資産の方が負債よりも多い場合であり、われわれの家計を念頭に置けばむしろそれが普通の状態である。しかし、その関係が逆転した場合にはどうなるのか。家計でも企業でもそのような状態になったとすれば、それはすでに破綻状態を意味し、通常はあり得ないと誰もが思うであろう。しかし、現にわが国の状態はその〝あり得ない破綻状態〟となっている。ちなみに、初めて作成された「国の貸借対照表」（平成一一年度）は図表5－4のようになっている。

これは資産よりも負債の方が一三三兆円も多いことを意味している。しかも、公的年金関係の負債を最も小さく算定した場合であり、逆に最も大きく算定すれば負債額は一四三五兆円となり、資産・負債差額はマイナス七七七兆円となる。いずれにしても大幅な債務超過の状態であり、すでに〝破綻状態〟といわれてもやむを得ない。

さて、こうした状態に「税収持分説」を当てはめるとどのようなことがいえるのか。税は納税者の拠出であり、貸借対照表の資産・負債差額が納税者の持分を表すのであれば、それがプラスであろうとマイナスであろうとその本質に変わるところはない。右に掲げた国の貸借対照表の場合には資産・負債差額が〝たまたま〟マイナスになった場合かもしれないが、それもやはり納税者の〝持分〟ということになる。したがって、そのマイナスの持分の穴埋めをするのも当然納税者である国民・住民であることとなる。どのように穴埋めするのか。ほとんど国内保有されている国債の償還を凍結する、帳消しにしてしまう、思

図表5-4　国の貸借対照表

借	貸
資産 (658)	負債 (791)
資産・負債差額 (133)	

（単位：兆円、それ以下は四捨五入）

い切った増税と各種の料金や年金保険料の大幅値上げをする、行政サービスを大きく削減する、あるいは、これらをすべて実行する、ということになるかもしれない。国民主権、住民主権を基礎に、それを公会計のなかで表現しようとする「税収持分説」は、ともすると納税者の立場に立った論理のように見えなくもないが、その本質は、大幅な債務超過を最終的に国民・住民負担とする考え方が実に巧みにビルトインされたモデルともいえる。

避けられた本質にかかわる議論

「税収持分説」にかかわる財産権成立の法理、譲渡権の有無、あるいは、転出のさいなどに行政に対して〝住民持分〟の返還請求権があるのかどうか等についての説明が全く行われていないことについては前述の通りである。

かりに、「税収持分説」が支持を得たとしても、多様な税収をすべて同列に考えてよいのかどうか、税と料金の境界領域にあるものはどのように考えるのかについての明確な説明が必要である。例えば、国民健康保険は、税として徴収するか料として徴収するかは地方自治体の条例によって決定されるが、「基準モデル」は、多くの税が投入されているという理由で、「社会保険料」の科目を開設して税収と同様に取り扱うものとしていた。その結果、貸借対照表の純資産増加要因となったとしても、保険を利用しなかったからといって、その残高に対して返還請求権が認められるとは到底考えられない。

筆者は機会あるごとに「税収持分説」に対して問題提起をしてきた。他にも同様の問題を指摘する研究者があったが、こうしたもろもろの指摘は単に〝個別の意見〟に過ぎず、当初このような基礎的概念を組み込むさい、一国の制度設計の問題として研究者、専門的実務家、関係当局等が協力して正面から取り組んだり、広くパブリック・コメントを募って議論する機会はなかったといってよい。また、地方自治体の実務担当者の話を聞いても、自治体は〝上で決まったことを淡々と遂行するだけ〟と、〝そんな問題〟に関心を示すケースはほとんどない。同時に、地方自治体で公会計に関わっている職員の間でも、「税収持分説」の概念それ自体に関する認識はほとんどなく、その本質についても十分に浸透しているとは到底言いがたいのも事実である。上意下達というこの国の地方自治のありようを如実に物語っている。

財政民主主義に立つ「市民持分」概念

興味深いことに、結果として「基準モデル」における「税収持分説」の考え方と共通点をもつようなモデル提案が、昭和五七年に日本公認会計士協会近畿会・社会会計委員会から「地方自治体財務会計制度に関する研究」の成果として出されたことがあった。これは公会計を通じて民主主義を明確に反映させる必要があるという草の根市民運動ともいえる観点から検討されたもので、住民主権を会計的に表現したものであった。しかも、公会計に複式簿記を導入して複数の計算書を作成すべきとするもので、近年における公会計制度の改革案という意味ではかなり早い段階の注目に値する研究成果といえる。いま、ここでは直接の関心の対象として図表5―

図表 5-5　貸借対照表（近畿会）

借	貸
普通財産	一般債務
	特定債務
行政財産	行政持分
	市民持分

5にその貸借対照表のみを取り上げておこう。

「持分」概念の難しさ

日本公認会計士協会近畿会の考え方は、市民感覚の発想という意味においては肯定できる部分もあるが、結果的に、行政持分と住民持分は一方の割合が増加すれば他方が減少するという対立的な関係となっている。「基準モデル」では、このように政府と国民・住民を対立的関係では捉えないが、企業会計の「株主資本」部分に市民ないし住民の請求権を持分として表示させようとする点においては共通する発想をもっている。さらに、近畿会の計算書体系では行政持分についても市民持分についても、それぞれ「持分計算書」を作成し、税収を「市民持分計算書」に計上するという考え方は「基準モデル」とほとんど同じであるといってよい。また、財産の増減は「行政持分計算書」に計上するとの発想も「基準モデル」と共通している。近畿会のこうした考え方は徹底して市民の利害を強調するところから出発しているが、「国の貸借対照表」で債務超過となっている場合の問題を取り上げたように、発想とは裏腹に、行政にとっての増税や行政サービスの低下を結果として支持してしまうような論理構成となっている。いいかえれば、住民支持のための公会計改革と計算書の作成が、逆に住民の足を引っ張ってしまうという予期せざる皮肉な結果を招きかねない。近畿会のモデル提案では、地方財政についてもともと債務超過となる場合は想定されていない。しかし、国のような巨額の債務超過も単に机上の空論ではないことを念頭に置けば、たとえ純粋に財政民主主義の立場から構想されたものであるとしても、このモデルについてただちに首肯することには躊躇せざるを得ない。

制度モデル統合への動き

筆者はこれまでたびたび「基準モデル」が立脚する「税収持分説」についての問題提起をしてきた。同時に「東京都モデル」にも問題点があり、それについての指摘もしてきたところである。これら両者の埋めがたい溝をどうするのか、あるいは、その相違を残したままモデルの鼎立状態が続くのかが注目されたが、平成二二年九月より総務省で「今後の新地方公会計の推進に関する研究会」が開始され、そこには東京都も大阪府もオブザーバーとして参加し、ともかくも、両モデルの提案主体が議論の同じテーブルにつくこととなった。平成一七年の「東京都モデル」と翌一八年における総務省の二つのモデル以来、半ば反目し合ってきた両者の関係を考えれば大きな前進といえる。

この研究会では地方公会計の基準統一に向けて東京都や関連する地方自治体との調整も含め、制度改革が慎重に進められてきたのであるが、そこでの議論と「今後の新地方公会計の推進に関する研究会・中間とりまとめ」（平成二五年八月）を経て公表されたのが「統一基準」である。この基準がこれまでの二つのモデルとどのような関連をもち、「東京都モデル」等とどのような違いを有するものなのか、また、制度改革の流れのなかでどのような意味をもつものなのかを全体的な観点から考えてみると、地方公会計制度の改革は、この段階でまさに重要な局面に差しかかってきたことが明らかとなる。さらに、「統一基準」の公表を受けて、平成二七年一月二三日、総務大臣より「統一的な基準による地方公会計の整備促進について」（通知）が出された。ここからもわかるように、国内における地方公会計のための基準の統一化に向けて総務省はかなりの力を傾注してきたことがわかる。

財務書類の種類とその部分的一体化

何よりも大きな問題となるのが税収についての理解、とりわけ「税収持分説」の本質であるが、「基準モデル」から「統一基準」に生まれ変わるに従って大きな変貌を遂げた。

「基準モデル」では、「税収持分説」の考え方を財務書類のうえで鮮明にするための構成が中心に考えられているが、同時に、「税収収益説」を採る場合をも想定し、その場合の財務書類の作成方法についても呈示されている。その図式は次のようなものであった。

【原則的な財務書類】
貸借対照表
行政コスト計算書
純資産変動計算書
資金収支計算書

【税収収益説を採る場合の例外的な財務書類】
貸借対照表

行政コスト計算書
純資産変動計算書
　→例外的に一体化容認
資金収支計算書

このような例外的措置をも容認し、万全の配慮がなされていたが、実際には、「統一基準」直前の段階で作成された平成二四年度決算までは、行政コスト計算書と純資産変動計算書とを一体化して公表した地方自治体はなかった。

如上のような財務書類の体系は、「統一基準」では次のような図式に変更された。

【原則的な財務書類】
貸借対照表
行政コスト計算書
純資産変動計算書
資金収支計算書

【税収理解とは無関係に容認される財務書類】
貸借対照表
行政コスト計算書
純資産変動計算書
　→無条件に一体化容認

資金収支計算書

「統一基準」に基づいて平成二六年度決算を作成した地方自治体は、現段階ですでにいくつか見られるが、右に示したように、行政コスト計算書と純資産変動計算書とを一体化して公表した事例としては新潟市がある。

「基準モデル」からの本質的変更と妥協

もともと純資産変動計算書は、世代間の衡平性を公会計を通じて実現するという「基準モデル」の理念に基づいて構想された計算書であったはずである。「統一基準」でこうした両計算書の一体化を無条件に容認するという措置は、その制度設計の基本からいえば、「基準モデル」の生命線ともいうべき考え方を大きく変更するものとなる。つまり、「基準モデル」からの本質的変更である。これによって、「税収収益説」と「税収持分説」とのいずれの考え方も採ってこなかった「東京都会計基準」との本質的差異はかなり縮小されたかに思われた。しかし、「統一基準」は、税収の原則的処理法を見れば明らかなように、「税収持分説」から完全に離脱したわけではなく、それを念頭に置けば、東京都はじめ類似の公会計基準を採用する自治体により結成された「新公会計制度普及促進連絡会議」（平成二三年一二月二六日、以下、単に「連絡会議」）にとって、「統一基準」を導入することは依然として相容れない考え方を取り込むことを意味することとなる。ただ、「連絡会議」の参加自治体にあっても、愛知県は税収を収益とし、また、新潟県は国際公会計基準（International Public Sector Accounting Standards：IPSAS）を基本にすることを明記したうえで収益として計上するなど、税収の取り扱いについてはもともと一致しているわけではない。

このようさまざまな状況のなかで、各自治体にとっては、総務省の新しい提案である「統一基準」に今回も協調しないという姿勢を貫けば、国内基準の統一化の潮流のなかで孤立の方向を辿るのは誰の目にも明らかである。また、総務省にとっても、国内制度を統一するきわめて大きな機会である。文字通りのジレンマのなかでの解決策が、種々の点で本質にかかわる考え方の違いはあるものの、いったんそれを棚上げし、ともかくも現実的観点を重視することであった。まずは、「統一基準」による財務書類の作成をすべての地方自治体が実施するとともに、その上でそれぞれが独自の考え方に基づいて財務書類を作成することも妨げないこととなったのである。「統一基準」に至る経緯を見ると、それぞれ思惑の異なる総務省、東京都等、さまざまな駆け引きのなかで打開策を見つける術はなかなかのものであったといえる。

「統一基準」の意義

重要なことは、この「統一基準」によってわが国における制度改革も実質的にようやく「統合」への道筋がついたことである。同時に、「統一基準」にはさまざまなモデルの提案主体への配慮が見られる。端的にいえば、「東京都モデル」およびそれに強い関連をもつモデルとの妥協の産物という側面ももつ。

「統一基準」公表の後、総務省からさらに「統一的な基準による地方公会計マニュアル」（平成二七年一月）が出され、そのなかで取引の仕訳例とともに財務書類の作成例が具体的に示された。

ともあれ、多くの先進諸国における公会計制度の改革がほぼ終了した段階にあることを考えれば、わが国の制度にとって解決すべき問題はなお残っているが、「統一基準」のもつインパクトはきわめて大きなものがある。実際、総務省の調査（平成二七年三月）によれば、これまで独自のモデルを強力に推進してきた東京都等すべての都道府県を含め大部分の自治体が、最終的には「統一基準」を適用することを表明していることが明らかとなっている。ただ、先に指摘したように、こうした〝統一〟は全国的な比較のためであり、〝わがモデルこそ本来あるべき地方公会計〟として、「統一基準」による財務書類とは別に、固有のそれをこれまで通り公表しようと考えている地方自治体があることもすでに明らかとなっている。

いま、単純化すれば、「統一基準」の概要は次にようにまとめられるであろう。

①「総務省方式改訂モデル」の事実上の廃止
②「基準モデル」にいう「税収持分説」の希薄化ないし事実上の廃止
③ 資産評価基準としての公正価値を維持するものの、固定資産への取得原価の採用等、評価基準の弾力適用の容認
④「統一基準」による財務書類作成の他、地方自治体固有の財務書類作成の容認

資産評価の基準

資産評価の基準についての総務省の見解は微妙な揺らぎを見せている。「統一基準」では「それぞれの資産の性質及び所有目的に応じた評価基準及び評価方法を用いる」（「二六年報告書」、第六九段落）とし、

具体的には、「補足説明」のなかで公正価値が最も適切であると述べるとともに、その意味を「資産取得時において、市場取引を通じて当該資産を取得した場合はその取得原価、適正な対価を支払わずに当該資産を取得した場合には適正と考えられる価額を指す」ものとしている。もともと「基準モデル」では原則として公正価値を採用することが本文（「一八年報告書」、第四〇段落）において言明され、「統一基準」と同様、取得原価または適正と考えられる価額とともに、さらに、「資産の再評価の場合には、再評価時の公正価値（将来の経済的便益の割引現在価値、市場における実現可能価値、再調達原価または取得原価のいずれか）を基礎として資産計上する」（同第四一段落）ことがつけ加えられていた。しかし、今回の基準では、有形固定資産のうちとくに事業用資産およびインフラ資産については、開始貸借対照表作成後は再評価しないことを前提とするとともに（「二六年報告書」、第九〇および九五段落）、公正価値に関する説明を本文から「補足説明」に譲り、その取り扱いを小さくしている。そうした理由は公式には明らかにされていないが、国内基準の統一化にあたり、取得原価主義を採用する東京都、大阪府、愛知県等に配慮したものと考えられる。しかし、公正価値はもともと企業会計の基準に関する国際化のなかで用いられた評価概念であり、公会計にも全く同質の概念として適用することはそれほど簡単ではないことも意識されなければならない。

山や川や道路はいくらか

企業会計における貸借対照表には、企業の保有するすべての資産および負債が計上されるが、自治体の場合でも貸借対照表を作成する以上このことは当然である。したがって、複式簿記を適用してはじめて財務書類を作成しようとする地方自治体の場合には、まずその出発点となる開始貸借対照表を作成しなければならない。しかし、この当然のことが決して容易な問題ではない。しかも、地方自治体の場合には、土地、山林、道路、河川、公園、墓地、役所・学校・病院等の建物の他、文化財、記念物、美術品等、企業とは異なる固有の資産も所有しており、単に資産金額という量的意味だけではなく、資産の範囲や質も考慮しなければならない。また、庁舎のある敷地や公有地にはもともと江戸時代の藩の所有物で、明治期に当該自治体の所有や管理となったものもあり、このような公有地の多くや河川、文化財は無償取得のものが多い。こうした資産にも一定の評価額を付したうえで新たな開始貸借対照表に記載しなければならない。そのためにはすべての資産の把握と管理のための帳簿の整備が必要となり、それが固定資産台帳なのである。その意味を、総務省「資産評価及び固定資産台帳整備の手引き」（平成二六年九月）は、「固定資産を、その取得から除売却処分に至るまで、その経緯を個々の資産ごとに管理するための帳簿で、所有するすべての固定資産（道路、公園、学校、公民館等）について、取得価額、耐用年数等のデータを網羅的に記載したもの」（第二段落）で、「すべての固定資産を一単位ごとに記載する台帳」（第一八段落）であるとしている。このような特定の帳簿においてそれぞれの資産に金額を付す場合に、取得価額が明確なものは問題がないとしても、取得年月日も取得価額も全く不明なもの、また、無償取得のものについて資産ごとにどのように評価するかは困難な問題を伴う。

まずは固定資産台帳の作成から

すべての出発点となる開始貸借対照表を作成するには、すべての固定資産に関する情報が記載された固定資産台帳を作成しなければならない。しかし、多くの自治体ではこれまで固定資産の把握が網羅的に行われておらず、保有するすべての資産を貸借対照表に計上することが困難な状況にあった。

総務省では「今後の新地方公会計の推進に関する研究会」（本委員会）の他、「地方公共団体における財務書類の作成基準に関する作業部会」（基準作業部会）と「地方公共団体における固定資産台帳の整備等に関する作業部会」（台帳作業部会）を設置して具体的な検討を重ねてきており、台帳作業部会はもとより本委員会でも他の作業部会でも、資産とりわけ固定資産の評価問題にはかなりの時間をかけて検討を行っている。こうした事実はこの問題がいかに重要かということを表すと同時に、いかに難しいものであるかも示している。

固定資産の価額決定

いま、有形固定資産の評価について一例を挙げておこう。総務省「統一基準」では「インフラ資産の開始貸借対照表の価額の測定については、取得原価が判明しているものは、原則として取得原価とし、取得原価が不明なものは、原則として再調達原価とする。ただし、道路等の土地のうち、取得原価が不明なものについては、原則として備忘価額一円とする」（第九五段落）ことを言明している。総務省「資産評価及び固定資産台帳整備の手引き」（平成二六年九月三〇日）でも同様の記述をしているが、ここでは単に「道路等の土地」ではなく「道路、河川および水路の敷地」（第六三段落）と具体的に内容を示している。また、「特定の時期（昭和五九年度以前）に取得したものは、第六三段落の取扱いにかかわらず、原則として取得原価不明なものとして取扱う」（第六四段落）が、「既に固定資産台帳が整備済または整備中であって、基準モデル等に基づいて評価されているものについて、合理的かつ客観的な基準によって評価されたものであれば、引き続き、当該評価額によることを許容する」（第一〇九段落）としている。諸外国でも開始貸借対照表における資産の評価方法については、さまざまな議論が行われ多くの時間と労力がかけられてきている。

公会計制度のモデル構築に関する課題

「統一基準」はじめどのモデルでも全く触れられていない、というよりも、議論の対象にすらなっていない問題がある。しかし、見過ごすことのできないものに複式簿記における計算構造の問題がある。財務書類は、制度によって名称は異なるが、その構成には、貸借対照表、行政コスト計算書はもちろんのこと、これら以外にキャッシュ・フロー計算書および純資産変動計算書も求められている。複式簿記システムから前二者を整合的に導くことが可能であることに大方の異論はないが、後二者も同様に導くことができるかについては、どの制度モデルも全く言及していない。この関係をわかりやすく表現すれば次のようになる。

単式簿記（いわば〝一式簿記〟）……一つの計算書
複式簿記（いわば〝二式簿記〟）……二つの計算書

それならば、逆に、

三つの計算書……→〝三式簿記〟か?
四つの計算書……→〝四式簿記〟か?

あるいは、発想を変えて、三つまたは四つの計算書は複式簿記から導き出すことができるのか、導き出すことが可能であるとすれば、それはどのような論理や方法によるのか、こうした問題がこれまで全く検討されてこなかった。コンピュータ利用によって、基礎的なデータの入力さえ行われれば技術的にはいかなる財務書類の作成も可能ではあるが、それはあくまでデータ処理の次元の問題であって簿記の論理とは別ものである。敢えていえば、コンピュータ利用のデータ処理は〝零式簿記〟であって、もはやそれは複式簿記とはいえない。公会計制度が複式簿記によることを表明するのであれば、そこでの理論的な計算構造を明確にすべきである。実は、各種のモデル提案に限らず、ほとんどの場合といってもよいほど、計算構造という会計の最も基本的な問題が等閑視されてきた。つまり、「どのように計算書を作成するか」ではなく、「どのような計算書を作成するか」に重点が置かれて議論が進んできた結果である。一国の制度モデルを構築する以上、適用すべき簿記法における計算構造の問題を放置するわけにはいかない。この問題についての管見もすでに筆者前掲書で明らかにした。

今後に期待されるもの

制度というものは時々の国際的な動向、政治、実務等さまざまな要因を取り込んで形成される。制度が成立していったん固定化されてしまえば、その後に修正するのは至難のわざとなる。諸外国から見れば早いとは決していえないものの、わが国でも公会計の制度改革はようやく一段落というところまできた。しかし、これまでも繰り返し強調してきたように、子細に見ると「統一基準」に疑問がないわけではなく、とかく実務では見過ごされがちな理論的整合性の問題について徹底した議論を重ねていく必要がある。

もちろん、制度というものは完全に理論や理想通りというわけにはいかない。そもそも理論や理想自体、それぞれの立場によっても時代によっても異なるもので絶対的ではあり得ない。制度形成の過程でさまざまな見解を提起し合い議論したうえで、最終的には実際に適用可能な内容にするため修正が加えられることとなる。それが〝現実対応〟でもあり、時として〝妥協〟ともなる。しかし、いずれにしても、まずは徹底した理論的検討が避けられない。その意味において、公会計における計算構造の問題についてはなお検討が必要となろう。

注

1　亀井孝文著『公会計改革論―ドイツ公会計研究と資金理論的公会計の構築―』、白桃書房　平成一六年。
2　亀井孝文著『公会計の概念と計算構造』、森山書店　平成二五年。
3　亀井前掲書（平成二五年）参照。

第六章　財政健全化と公会計

さまざまな公会計の制度モデルとの妥協のうえに、ともかくも「統一基準」が実質的に動き出した。他方、平成一九年に制定された「地方公共団体の財政の健全化に関する法律（地方財政健全化法）」によって、新たな財政分析の指標が開発された。両者の関係のなかで、新しい公会計がどのように機能するのか。

公会計における財務書類作成の目的

公会計における財務書類の目的については、通常、パブリック・アカウンタビリティと意思決定有用性の二つが掲げられることが多い。前者は、「一八年報告書」が述べるように「地方公共団体が住民に対してその責任を会計的に明らかにする」（第二四段落）こと、あるいは、行政が事業計画の策定とその予算化に役立てること等を意味するものであり、後者は、例えば、公債市場における投資家の判断に役立つ情報の提供を公会計が行うことを意味するものである。「統一基準」は従来の目的につけ加えて、「マネジメント」および「財政の効率化・適正化」を新たに掲げている。これら追加部分はそれ自体が財務書類の作成目的となるというよりは、公会計情報の利用の効果として理解すべきであろう。「統一基準」が公会計情報の目的に加えて新しい公会計制度の適用による効果を想定したことは、公会計と財政との強い関連がはじめて明確にされたということを意味するものと考えてよい。具体的には、地方財政健全化法とのつながりが意識されたものである。事実、総務省では「統一基準」に関する種々の解説のなかで、「財政健全化法と地方公会計整備はあわせて進めていくことが重要」であることを強調している。平成一八年に公表された「基準モデル」および「総務省方式改訂モデル」と、翌一九年に制定された地方財政健全化法の内容が、財務書類の連結範囲、公社・第三セクターなどに対する債務保証ないし損失補償の算定、退職手当引当金の算出方法、資金概念等、いくつかの点で異なり、自治体を混乱させたことがあった。そうしたことも教訓として、新たな「統一基準」ではその相違点を解消すると同時に、公会計の基礎的な趣旨についてもこの法律に沿う方向で修正されたものと考えられる。その意味においては、公会計制度の意義について従来の考え方から進んで新たな展開が示されたものと見てよい。

財政指標と決算カード

地方自治体の財政状況を分析する伝統的な手法として、実質収支比率、経常収支比率、公債費負担比率、公債費比率、起債制限比率、財政力指数等がこれまで多くの場面で用いられてきた。これらの指標は決算状況に関する統計表（一般に「決算カード」と呼ばれる）にまとめて公表される。なお、この決算カードは、総務省が毎年実施する「地方財政状況調査」のために各地方自治体が作成するもので、一定の様式に基づいて、しかも一枚の用紙にまとめられ、地方自治体ごとに、その市町村の累計、歳入の状況、歳出（性質別、目的別）の状況、市町村税の状況等が記載される。総務省が作成する都道府県財政指数表では東京都以外の四六道府県を財政力指数によってグループ分けされ、また、類似国体別市町村財政指数表では、平成二六年度の場合、政令市、中核市、特例市、特別区はそれぞれ一区分、市町村の場合には人口と産業構造により、さらに、一般市については一六類型、町村については一五類型に分類されている。こうした類型により類似団体ごとに比較が可能となっており、この決算カードは地方財政を分析するうえですぐれた財政データ集となっている。

地方財政健全化法による健全化判断比率

さて、平成一九年、「地方公共団体の財政の健全化に関する法律（地方公共団体財政健全化法）」（単に、「地方財政健全化法」という）が制定され、それまでの地方財政再建特別措置法（昭和三〇年制定）の枠組みにおける地方自治体財政破綻への事後対応から、破綻に至る前の事前対応へと方針が根本的に変更された。この法律のもとで、実質赤字比率、連結実質赤字比率、実質公債費比率というい ずれもフローの財政データを用いて作成する指標、および、将来負担比率というストックの財政データを用いる新たな分析指標が設定された。これらの指標が基準以上の不良状態になれば、財政再生団体すなわち破綻、または、早期健全化団体すなわち破綻懸念と認定される。いま、それぞれの指標の判断基準をまとめれば次のようになる。

① 実質赤字比率〈標準財政規模に対するマイナスの実質収支〈実質赤字額〉の割合〉

《財政再生団体》
都道府県　五％
市町村　二〇％

《早期健全化団体》
都道府県　三・七五％
市町村　一一・五〜一五％

② 連結実質赤字比率〈公営企業会計を含めた実質赤字比率〉

《財政再生団体》
都道府県　一五％
市町村　三〇％

《早期健全化団体》
都道府県　八・七五％
市町村　一六・二五〜二〇％

③ 実質公債費比率〈公営企業会計等を含めた公債費比率〈標準財政規模に対する地方債の元利償還金の割合〉〉

《財政再生団体》
都道府県　三五％

《早期健全化団体》　市町村　三五％
　　　　　　　　　都道府県　二五％
　　　　　　　　　市町村　二五％

④　将来負担比率（第三セクター、地方公社等を含めた借入金返済の負担割合）

《早期健全化団体》　都道府県　四〇〇％
　　　　　　　　　政令指定都市　四〇〇％
　　　　　　　　　市町村　三五〇％

なお、「基準モデル」でも「総務省方式改訂モデル」でも、損失補償に伴う偶発債務の貸借対照表における計上は全く行われてこなかったが、「統一基準」では地方財政健全化法にあわせる方法で当該引当金を設定することが義務づけられることとなった。

さらに、これら四指標に加えて次のような新しい指標がつけ加えられた。

⑤　資金不足比率（公営企業会計の事業規模に対する資金不足額の割合）

《経営健全化公営企業会計》　二〇％

これらの指標は従来不明確であった地方自治体についての財政規律を定めたもので、しかも、行政本体のみではなく、公営企業会計、地方公社、第三セクターも含めた連結ベースで考えられている。これまで普通会計とそれ以外の会計が切り離されていたことから全体像が把握できなかったこと、それを利用した赤字や債務の隠蔽が行われた事実等が教訓となったものである。

財政健全化の趨勢

以上のような、財政規律を設定した結果はどのように推移しているのであろうか。その状況は図表6―1のようにまとめられる。なお、健全化判断比率に用いられる四つの指標のうち複数のそれに関係する自治体もあるため、表中の団体数には重複がある。

これらの指標に関する平成一九年度来の推移を全体的に見る限り、財政再生およびその懸念団体はこの数年間皆無となっている。あるいは比率の大小にかかわらず、財政赤字のある団体そのものが年を追うごとに急速に減少してきており、単体での赤字を抱える地方自治体は平成二四年度では全く消滅している。しかし、

図表6-1　健全化判断比率等の状況

（数値は団体・会計数）

	平成19	平成20	平成21	平成22	平成23	平成24	平成25	平成26
財政再生団体 ＝ 破綻状態								
実質赤字比率	1	1	0	0	0	0	0	0
連結実質赤字比率	2	1	0	0	0	0	0	0
実質公債費比率	2	1	1	1	1	1	1	1
将来負担比率	0	0	0	0	0	0	0	0
早期健全化団体 ＝ 破綻懸念								
実質赤字比率	1	1	0	0	0	0	0	0
連結実質赤字比率	9	1	0	0	0	0	0	0
実質公債費比率	31	19	11	3	0	0	0	0
将来負担比率	5	3	3	2	2	2	1	1
都道府県、市区合計	1,857	1,845	1,797	1,797	1,789	1,789	1,788	1,788
経営健全化公営企業会計								
資金不足比率 20％以上	156	61	49	38	36	20	18	13
団体・会計総数								
実質赤字額を有する団体	24	19	13	8	2	0	2	0
連結実質赤字額を有する団体	71	39	31	17	9	7	6	1
実質公債費比率 18％ 以上	436	399	306	175	114	63	41	29
資金不足額を有する公営企業会計	256	202	162	119	88	69	60	58

（出所）　総務省　各年度決算に基づく「健全化判断比率等の状況」から作成

「財政再生団体」、「早期健全化団体」、「経営健全化公営企業会計」はそれぞれ団体・会計総数の内数

実は統計の数値どおりに理解することのできない事情がある。平成二一年四月に完全施行された地方財政健全化法に基づいて、平成二〇年度決算時点で、破綻状態にあるとする夕張市の他、二一市町村が早期健全化団体すなわち破綻懸念団体に認定されている。これでも前年度の四三市町村よりは減少している。それには、もちろん、固定資産税の税率の引き上げ、環境目的税等の新設、手数料・使用料の引き上げ、歳出削減等の自治体による努力や住民の負担増によって、財政状態を少しでも向上させようとした努力の成果もある。しかし、本当にそれだけかとの疑問も出されている。早期健全化団体が減少したことは事実であるが、ともかくもその認定を免れた理由は各自治体の努力だけではないという。平成二〇年に限って、病院事業の資金不足を解消するための病院特例債が認められたケースがあるが、これは借金で赤字を補填したことになり、問題を先送りしただけであるといわれる[1]。また、長期債務となる地方債残高の償還状況も問題となる。単純化していえば、標準財政規模に対する地方債償還の元利合計の割合を見るのが新しい指標の「実質公債費比率」である。この比率算定は公営企業会計、一部事務組合、広域連合等も含めて連結ベースで考えられており、「実質公債費比率二五％以上」の早期健全化団体に該当する地方自治体は、平成二三年度以降なくなっている。しかし、この比率が「一八％以上」となっている自治体を取り出すと、平成一九年度に四三六団体であった状態から、その後大幅に減少してきているものの、平成二六年度決算時点で、全自治体一七八八団体中なお二九団体が該当している。

また、この図表における自治体の財政状況はいわゆる「平成の大合併」によって地方交付税のかさ上げが認められる「合併算定替」の時期が重なっている。合併後五年から一〇年は合併前の交付税が全額保証されるが、その後五年間で段階的に減額されることになっており、その時点でプライマリーバランスが赤字になる地方自治体も少なくないといわれる。図表6―1の年度をさらに延伸していったとき、どのようになるのかが注目される。

財政投融資と公会計

これまで述べてきたように、地方自治体の財政とその健全化に関しては総務省がさまざまな施策を打ち出してきた。他方、財務省も地方財政に無関係ではない。というのは、財務省は財政融資資金を地方自治体に貸し付けているからである。平成一六年一二月、財政制度等審議会財政投融資分科会がとりまとめた報告書「財政投融資改革の総点検」では、地方財政の逼迫がもたらす問題とその状況改善の観点から、「地方公共団体向け公的資金貸付については、貸付先の財務状況、事業の収益性等を適切にチェックすることが求められる」と指摘している。これを受けて、財務省では財政融資資金の貸し手として償還の確実性を確認するため、平成一七年度より行政キャッシュ・フ

図表6-2　地方自治体に関する4つの財務指標

指標名	計算式	視点	意義	備考 (家計に例えると)
債務償還可能年数	実質債務 ÷行政経常収支	債務償還能力	1年間で生み出される償還原資の何倍の債務を抱えているか	ローンの返済に何年かかるか
実質債務月収倍率	実質債務 ÷(行政経常収入÷12)	債務の大きさ	1月当たりの収入の何ヶ月分の債務があるかを確認	ローンが給与の何ヶ月分あるか
積立金等月収倍率	積立金等 ÷(行政経常収入÷12)	資金繰り余力	1月当たりの収入の何ヶ月分の積立金があるかを確認	預貯金が給与の何ヶ月分あるか
行政経常収支率	行政経常収支 ÷行政経常収入	償還原資 経常的な収支	収入からその程度の償還原資を生み出しているかを確認	ローンの返済に回せるお金はどのくらいか

※ 実質債務＝地方債現在高＋有利子負債相当額－積立金等

※ 積立金等＝歳計現金＋財政調整基金＋減債基金＋その他特定目的基金

（出所）　財政制度等審議会財政投融資分科会（平成26年6月16日）　参考資料

ロー計算書に基づき、図表6－2のような四つの財務指標を算出している。

さらに、財政制度等審議会に置かれた「財政投融資に関する基本問題検討会」がまとめた報告書「今後の財政投融資の在り方」（平成二〇年六月）では、地方自治体に対する財務改善のためのアドバイスを含め、財務指標等の活用を図ることが求められた。こうした提言を受けて、平成二一年七月、「財務状況活用ハンドブック」（平成二三年六月改訂）が公表されている。これは財務省財務局の職員を主たる利用者として想定されたものであるが、資金の借り手である地方自治体や広く国民全体に開示すべきものとされている。ただ、財務指標設定の発想は、地方財政の健全化を目的とするものというより、財政融資資金の貸し手の側から見て償還の確実性を確認するためのものであり、企業や個人に融資を行う多くの民間金融機関の発想となんら変わるところはない。ともあれ、こうしたチェックは、地方自治体にとっても財務状況を改善するための有効な手段として活用できることも事実である。また、平成二六年からはこれらの指標の詳細な数値基準の策定が開始されている。ちなみに、財務省の調査による財務指標の推移は図表6－3のようになっている。

すでに明らかなように、地方自治体自身の観点から、あるいは、それを監督する総務省の立場から、さらには、資金の貸し手としての財務省の観点からも、公会計情報の活用が地方財政健全化のためにも具体的に実施されつつある。

図表6-3　全市区町村合計の財務指標の推移

	H20	H21	H22	H23	H24	H25	H26
債務償還可能年数（年）	7.5	9.1	8.1	8.1	8.7	7.7	7.7
実質債務月収倍率（月）	15.1	14.3	13.7	12.8	12.4	11.7	11.4
積立金等月収倍率	3.3	3.1	3.4	3.6	4.2	4.3	4.3
行政経常収支率（%）	16.7	13.1	14.0	13.3	11.8	12.5	12.2

（出所）財政制度等審議会財政投融資分科会（平成26年6月16日）　参考資料

財政健全化と新しい公会計

自治体の財政への影響要因は、産業構造の転換や変化、長期的な人口減、あるいは、「平成の大合併」にさいして行われた直前の年度における借金など政策ないし政治的判断による影響、平成二〇年におけるリーマン・ブラザーズの破綻のような国際的な経済のマイナス要因等さまざまなものがある。いわゆるリーマン・ショックでは、全国的にみても財政力指数で常に良好な状態にあった愛知県・豊田市のように、法人市民税が九六・三％も減収となるなど異常な状況を呈した例もあった。その後、平成二七年度、地方交付税を受け取らない自治体が六〇団体に達したが[2]、それでもいわゆるリーマン・ショックによる経済の低迷前における平成一九年度の一四二団体に比べるとまだ四割程度であるという[3]。このような動向は、財政状態の悪化をとっても好転をとっても、公会計制度の改革と直接につながるわけではない。従って、財政の状況に公会計がどのように貢献したかの評価を行うことは簡単ではない。しかし、予算編成に新しい公会計情報を活用し、事務事業の経済性や効率性が向上したかどうか、部局間の単なる予算の争奪を超えて査定が実施できたかどうか、議会での審議に説得力のある公会計情報を提示できたかどうか、住民の負担増について納得を得られるような会計情報を公表できたかどうか等の定性的な分析を実施することは必要である。新しい公会計が長期にわたってそうした情報を提供し、財政運営の結果を分析し続けることによって、新しい公会計制度の効果を評価することが可能となってくるであろう。

注

1　日本経済新聞　平成二一年一〇月五日「再建制度、半世紀ぶり刷新」、礒道真。
2　日本経済新聞　平成二七年七月一八日。
3　日本経済新聞　平成二七年七月一八日。

第七章　アングロ・サクソン型監査の導入

わが国の地方公会計制度の改革もようやく展望が開け、次の問題は地方公監査である。その改革についてもかねてより指摘されてきたが、ここに至って、公監査制度にも、部分的に、企業会計に関する監査と同様のアングロ・サクソン型監査を導入することで改革の方向が検討されつつある。本章では地方公監査制度に関する経緯を概観するとともに、制度改革をめぐる現状と方針を考える。

地方公監査の沿革

地方公監査の沿革は明治時代にまで遡ることができるが、とりわけ明治憲法制定後、考査課、調査課等が執行機関のなかに設置され、内部監査組織として整備されていった。同時に、議会においては府県参事会や市町村議会による事務の書面審査および実地検査も行われるようになった。さらに、第二次世界大戦時には、市長の指揮監督下で市の経営に係る事業の管理、出納事務等の執行を考査する制度に改められるという経過をたどっている。現在のような監査委員監査が実施されるようになったのは、昭和二一年の地方制度改革によるもので、この制度は翌昭和二二年の地方自治法に受け継がれている。その後の制度改革は概略以下の通りである。

① 昭和二五年　監査対象の拡大（選挙管理委員会、財政援助団体等）
② 昭和二七年　監査委員の定数増員、学識経験を有する一部委員の常勤化等
③ 昭和三一年　常勤監査委員の資格要件の新設、任期の延長等
④ 昭和三八年　地方財務制度の全面的な改正にともなう監査委員制度の整備、現行制度の定着
⑤ 昭和四九年　識見委員の任期を三年から四年に延長
⑥ 平成 三 年　二人以上の識見委員における「一人以上のＯＢ（退職後五年内）でない者」の必置、行政監査の追加等
⑦ 平成 九 年　外部監査の導入、二人以上の識見委員におけるＯＢは「一人以下」を規定
⑧ 平成一一年　町村における委員の定数を「二人または一人」を「二人」に改正
⑨ 平成一八年　人口二五万人以上の市における「四人必置」を規定

地方公監査の問題点

わが国における会計検査院はプロイセンの制度に倣って明治一三年に創設された。他方、地方公監査は明治にその原初的な制度が形成されたが、前述のように、現在に直接つながる制度としては第二次世界大戦後の法整備によるところが大きい。

地方公監査制度は、その沿革からもわかるとおり、かなりの頻度で改革が行われてきているにもかかわらず、これまで多くの場合に指摘されてきた次のような問題点は改善されないまま現在に至っている。

①　監査委員監査制度の実効性に関する問題
・広範かつ多様な職務権限
・監査委員の独立性と専門性
・監査委員事務局職員の独立性と専門性
②　職務概念の不明確さ（「監査」、「審査」および「検査」という多様な概念）
③　監査基準の欠如
④　公監査の本質についての不明確さ

このように基本的な問題点がほぼ明確になっているにもかかわらず、改善が容易に進展しないのはなぜか。具体的に、どこにどのような原因があるかを考えてみたい。

地方公監査に関する現行制度

周知のように、地方自治体の監査は監査委員によって行われるのであるが、人格が高潔で、地方自治体の財務管理、事業の経営管理その他行政運営に関し優れた識見を有する者からの選任による委員、および、議員のうちから選任された委員によって構成される。前者は一般に「識見委員」、後者は「議選委員」といわれる。また、任期は前者が四年、後者は議員の任期である。

監査委員の定数は、都道府県および政令市では四人、その他の市および町村では二人となっているが、条例で定数を増加することができる（地方自治法第一九五条第二項）。そのうち議選委員の数は、都道府県および政令で定める市では二人または一人、その他の市および町村では一人となっている。それらの定数については図表7―1のようにまとめることができる。

OBの識見委員就任制限

識見委員が二人以上である場合、そのうち当該普通地方公共団体の常勤の職員であった者は一人以下でなければならないことが地方自治法（第一九六条第二項）および同施行令によって定められている。いわゆる〝OB制限〟であるが、平成三年の地方自治法改正ではじめて取り入れられたさいには、識見委員が二人以上の場合、一人以上はOBではない者とされた。ただ、この段階でのOBの意味は

図表 7-1　監査委員の定数

	定　数 (195 ②)	内　訳 (196 ①)
都道府県、 人口 25 万人 以上の市	4 人	議選 1 人　　識見 3 人 または 議選 2 人　　識見 2 人
市町村	2 人	議選 1 人　　識見 1 人

（括弧内は地方自治法条文）

退職後五年以内の者であり、従って、五年を超えれば制限はなかった。その後、平成九年の改正によって、識見委員が二人以上の場合、ＯＢが容認されるのは、退職後の年数にかかわらず一人までとされた。しかし、制度の根本的解決にはつながらなかった。監査委員の数についてはさまざまな可能性があるが、いま、識見委員が三人または二人の場合を想定してまとめれば図表７―２のようになる。

要するに、ＯＢを識見委員として選任できるのは、現行制度では一人または〇人ということである。

実状はどうであろうか。平成一八年の国会（第一六四通常国会）の総務委員会（五月三〇日）では、ＯＢが識見委員として選任されているのは、都道府県で七〇％、政令市で八六％、その他市町村で四八％（政府側資料では都道府県で七七％、政令市で九二％、その他市町村で二六％〈いずれも平成一五年現在〉）であることが明らかにされ、平成九年の改正地方自治法に抵触しないとしても、監査委員の独立性については疑問が残るとして問題提起がなされている。この直後（八月三一日）、平成一八年に総務事務次官名で各都道府県知事および各政令指定都市長宛に「地方公共団体における行政改革の更なる推進のための指針の策定について」（通知）が出され、そのなかで「当該地方公共団体の常勤の職員であった者の監査委員への選任は特に必要

図表 7-2　識見委員の数

識見委員	改正年度	内訳
3人の場合	平成３年	非OB1人　OB2人 または 非OB2人　OB1人 または 非OB3人　OBなし
	平成９年	非OB2人　OB1人 または 非OB3人　OBなし
2人の場合	平成３年	非OB1人　OB1人 または 非OB2人　OBなし
	平成９年	非OB1人　OB1人 または 非OB2人　OBなし

がある場合以外には行わないこと」が要請された。

識見委員に関する現状

識見委員に関する法律上の要請は資格要件にまで及ぶものではないため、識見委員の職業はさまざまであるが、現状については図表7―3のような総務省の調査がある。

とくに識見委員に注目すると、当該自治体のOBの就任がこれまでも常に問題となってきたが、その根本的解決は容易ではない。OBの就任は前述の総務事務次官通知の後もむしろ微増している。さらに興味深いのは、図表7―4を見る限り、国または他の自治体OBの増加が顕著になっていることである。なんらかの公務員OBは平成一九年の一四・八%から平成二二年の二〇・八%に増加している。

このように、当該自治体以外の公務員OBであれば、先述した総務省事務次官通知にいう「当該地方公

図表 7-3　識見委員の就任状況

（単位・人）

	監査委員（実数）	識見を有する者	内訳						
			弁護士	公認会計士	税理士	当該地方公共団体OB	国・他の地方公共団体の勤務経験者	その他	議員選出
都道府県	195	105（53.8%）	9（4.6%）	16（8.2%）	10（5.1%）	32（16.4%）	9（4.6%）	29（14.9%）	90（46.2%）
指定都市	77	39（50.6%）	10（13.0%）	8（10.4%）	1（1.3%）	16（20.8%）	1（1.3%）	3（3.9%）	38（49.4%）
その他の市及び町村	3,776	1,976（52.3%）	36（1.0%）	117（3.1%）	305（8.1%）	529（14.0%）	255（6.8%）	734（19.4%）	1,800（47.7%）
合　計	4,048	2,120（52.4%）	55（1.4%）	141（3.5%）	316（7.8%）	577（14.3%）	265（6.5%）	766（18.9%）	1,928（47.6%）

（出所）総務省調べ

※注１　平成22年4月1日現在の状況である。

※注２　各欄下段の括弧内の計数は、監査委員（実数）に占める構成比である。

共団体の常勤の職員であった者」に該当しないことから、問題はないというのがそれぞれの地方自治体の認識として読み取れる。つまり、形式的には次官通知は遵守されたことになる。しかし、理想的には、いかなる形であれ、公務員ＯＢではなく、名実ともに外部者の立場から監査を実施するところにその本旨がある。

監査委員による監査の範囲

監査委員の職務権限は図表７－５にまとめるように広範かつ多様である。かつては原則として財務監査に限定されていたが、平成三年改正によって、必要がある場合には、「普通地方公共団体の事務の執行」について監査ができることとなった。いわゆる行政監査への拡張で、

表 7-4　識見委員の就任状況の変化

	監査委員（実数）	識見委員	内訳 弁護士	公認会計士	税理士	OB	国・他の自治体 OB	その他
平成 19 年	4,319 人	52.2 %	1.2 %	3.0 %	7.1 %	13.4 %	1.4 %	26.1 %
平成 22 年	4,048 人	52.4 %	1.4 %	3.5 %	7.8 %	14.3 %	6.5 %	18.9 %

（出所）総務省調べ（平成 19 年 4 月 1 日現在・平成 22 年 4 月 1 日現在）より作成

表 7-5　監査委員の職務権限

監査の種類	監査の内容	監査の方法
第 199 条による職務権限	(1)　財務監査（①） (2)　経営監査（①） (3)　行政監査（②） (4)　長の請求による監査（⑥） (5)　財政支援団体等（⑦）	定例監査 随時監査
他の条文・法による職務権限	(1)　健全化判断比率等の審査（地方財政健全化法 3 ①） (2)　公営企業管理者の請求による監査（地方公営企業法 27 の 2 ①） (3)　決算審査（233 ②） (4)　出納検査（235 の 2 ①） (5)　指定金融機関の公金収納支払事務監査（235 の 2 ②） (6)　住民監査請求による監査（242） (7)　職員による現金・物品等の損害事実の有無の監査等（243 の 2 ③）	

※ 法律は明記のないものは地方自治法を指し、数字は条、丸つき数字は項を表す

監査委員の職責はますます重要なものとなっている。しかし、監査委員事務局の支援があるとはいえ、監査委員がこうした職務を十分に遂行できているかどうかについては検証が必要である。

職員の人員、異動および専門性

事務態勢の現状はどのようなものであろうか。国における会計検査院の場合には、事務総長官房の他、第一局から第五局までの部局が置かれ、各省庁の検査対象を専門別に分担している。それらに配置されている職員は合計一二五一人（平成二八年一月現在定員）である。これに対し、地方自治体にあっては、監査委員の職務を補助するために監査委員事務局が置かれるが、その職員数は、都道府県、政令市、中核市等によって異なる。東京都の九〇人前後は別格としても、二〇人に満たない県、あるいは一〇名程度という政令市の例もある。また、地方自治体の場合には、事務内容の全く異なる部署からの異動、とくに監査委員事務局と監査対象部局との間の異動の問題もある。全国市民オンブズマン連絡会議の調査（平成二一年）によれば、事務局職員の在職年数は都道府県では最長五年、政令市では平均すれば四年、中核市では六年余といわれる。こうして見ると、監査委員事務局における職員の独立性や専門性の問題は、個々の職員に関わる問題というよりもむしろ人事制度の問題ともいえる。

外部監査制度の創設

監査委員事務局については人事制度の問題がある一方で、他ならぬその事務局が関連する組織的不正が、社会的な批判とともに、地方公監査制度の改革の問題として取りざたされたことがあった。さまざまな問題提起と議論の結果は、第二五次地方制度調査会による「監査制度の改革に関する答申」（平成九年二月二四日）（以下、「答申」）にまとめられている。「答申」によれば「地方公共団体の執行機関のひとつとして位置づけられている現行の監査委員制度については、地方公共団体の監査機能の独立性・専門性の確保という観点からは自ずから限界があることも否定できない」という認識のもとに、「外部の専門的な知識を有する者による外部監査を導入する」としている。これが包括外部監査である。しかし、新しい制度の構想は、外部監査の導入により監査委員による監査も好ましい影響を受けるものとして、監査委員監査制度の維持を前提として考えられた。その結果、「包括外部監査人の監査が実質的に現在の監査委員が行っている定期監査と同一の監査とならないようにする」とされたのである。「答申」の内容については、当時の自治省行政局行政課における担当者の詳細な解説が参考となる[1]。

なお、外部監査制度は、後述するように、国会での審議過程で「外部監査契約を締結できる者」をめぐって多少の曲折があったが、平成九年六月四日、地方自治法に「第一三章　外部監査契約に基づく監査」を追加し、翌年一〇月一日より施行されている。

包括外部監査における「特定の事件」

地方自治体は、最少の経費で最大の効果（地方自治法第二条第一四項）をあげることが求められるとともに、行政組織および運営の合理化と規模の適正化（同第一五項）が求められている。そうした行政運営のあり方を評価する行為が包括外部監査なのである。しかし、先に触れた通り、包括外部監査と監査委員監査とを同一の監査とならないようにするため、両者の関係をあらかじめ整理しておく必要が生じた。そこで、それまで監査委員が行ってきた定期性のある業務についての監査は監査委員に専属させ、包括外部監査人は「特定の事件」についてのみ監査を行うというわば〝棲み分け〟の構図が描かれた。その結果、外部監査導入の背景となった不適正な予算執行等は、きわめて重要な監査対象であるにもかかわらず、定期性のある業務の結果であるとして当該部分を外部監査の対象としないこととなった。もともと監査委員監査における独立性・専門性の限界という認識が外部監査導入論の根底にあったはずであるが、「特定の事件」へ監査範囲を限定することによって、当初の趣旨は大きく変更されてしまったといわざるを得ない。

「外部監査契約を締結できる者」の範囲

外部監査制度は地方自治法の改正法（平成九年六月四日公布）によって制度化されたのであるが、包括外部監査人の有資格者は、「答申」による当初の構想では、弁護士、公認会計士および国・自治体において監査実務に精通した者の三種類であった。

この「答申」を受け、国会では、平成九年四月二四日、衆議院地方行政委員会で包括外部監査人の有資格者をめぐって質疑が行われ、税理士を含めるべきであるとの意見が出された。その理由には、「答申」が列挙する有資格者は大都市に偏っており、地方の市町村では人材が不足すること、さらに、これから外部監査制度が市町村に広まっていけば人材が不足すること等が挙げられている[2]。その結果、同年五月八日の同委員会において、「外部監査契約を締結できる者」に税理士を含める旨の修正案が与野党共同で提出され可決された[3]。

士業の職域拡大

新しい制度のなかに国家資格のいわゆる士業を組み込むのはさまざまな難しい問題を付随させる。端的にいえば、関係するそれぞれの業界にとってはいかに自らの職域を拡大するかの問題である。自治体の「外部監査」をどのように捉え、何を目的とするのかによって制度設計は大きく変わることとなる。つまり、「監査」の意味を企業における制度としての会計監査と同様に考えるのか、それとも異なる意味を付与するのかの問題である。企業の会計監査と同様に考えるのであれば、外部監査はもっぱら公認会計士の業務となるが、「答申」も国会の委員会も予算執行に関する法的適合性の判断という観点を重視し、弁護士を有資格者とした。そうであれば、税理士関係者から国および地方の税制を支える税理士も外部監査契約の有資格者に加えてもらいたいという声が上がるのは十分にあり得る話であった。実際、衆議院地方行政委員会の議論では、税理士も会計専門家であること、これまですでに監査委員に識見委員として多くの税理士が就任していること等が紹介され、税理士を追加するよう提案がなされている。その背後にはいわゆる〝族議員〟の活躍があった。こうした提案は制度のあるべき姿を構想したというよりも、特定の業界の職域拡大という利害に関わる問題が前面に出されたという意味において疑問が残ったといわざるを得ない。

税理士業界の一大運動と成果

日本税理士会連合会および日本税理士政治連盟は当時の自治大臣に「地方自治体の外部監査人への税理士の登用について（要望）」（平成九年三月七日）を提出しており、その関連記事が日本税理士政治連盟の機関紙『日本税政連』に掲載されている[4]。同時に、同政治連盟は税理士を外部監査の有資格者に加えるよう「強力な運動を行った」との記述もある。また、その最終的な結果について、同紙には「地方公共団体　外部監査人に『税理士』追記」、「税政連運動で一大快挙」などの見出しが一面トップを飾っている。そこには、衆議院地方行政委員会の当時理事で、委員会の席上、税理士を含めることを強く提言した議員も含め、税政連と自民党団体総局とが法案修正について会合を開いている写真も載せられている。この記事は、この問題が税理士業界にとっていかに大きな関心の対象であったのかを物語っている。さらに、税理士が税理士法以外の法律に明記されるのは初めてで、税政連の活動によって挙げた成果の影響はきわめて大きいとの率直なコメントも書かれている。

監査業務に対する税理士界の関心

監査業務への税理士の関与については、自治体の外部監査における有資格者をめぐる問題に限らず、それ以前でもしばしば議論が行われてきている。まず、昭和四九年の商法改正で会計監査人制度が導入されたさいに、税理士を有資格者に加えるという提案と要望が出されている。その後、大小会社区分立法の法案が検討されたさいに、小会社に限定的ないし簡易な外部監査を導入するという法務省試案につき、税理士を有資格者とするかどうかをめぐって、公認会計士側と税理士側との間で対立が生ずるという事態となった。利害の相反がその原因である。さらに、公益法人等の外部監査が制度化されるさいにも、日本税理士会連合会からは税理士登用についての要望書が総務省に提出されている（平成一四年一〇月二日）。

税理士業界における監査業務への希求は過去のさまざまな制度創設のさいの経緯を見ても明らかであるが、いずれの場合も実現できなかったか、あるいは、制度そのものが成立しなかった。この事実を想起すれば、自治体における外部監査導入にさいして、提案された制度案を国会で修正させた税理士業界が欣喜雀躍したのはある意味では当然のことであろう。このように税理士業界は監査業務への関与にきわめて大きな関心をもってきたが、税理士法を厳密に解釈すれば問題がないわけではない。

税理士法と監査

税理士法第一条は「税理士の使命」に関し、「税務に関する専門家として、独立した公正な立場において、申告納税制度の理念にそって、納税義務者の信頼にこたえ、租税に関する法令に規定された納税義務の適正な実現を図ることを使命とする」と定めている。それを受けて、同法第二条第一項では、税理士業務として税務代理、税務書類の作成および税務相談が列挙されている。これらの条文から見る限り、企業会計の監査でも公益法人等の監査でも、あるいは自治体の外部監査でも、税理士がそれらに関与し得る法的根拠はきわめて希薄であるといわざるを得ない。前述したように、衆議院地方行政委員会で税理士を包括外部監査人の有資格者に加える提案が行われたさいに、法的には、税理士法第二条第二項における「その他財務に関する事務を業として行うことができる」ことも法的根拠として掲げられているが、これは条文の拡大解釈以外の何ものでもない。税理士として制度監査の担当を可能にしようとするのであれば、まず、正面から税理士法第一条および第二条の改正を論ずるべきであろう。自治体の外部監査への税理士の関与が、もともと税理士の職務を規定する法律上当然に可能であれば、有資格者として認容は「一大快挙」でも何でもない。こうした表現は、無理を押し通してそれを成功させた心情をよく表している。現行の税理士法のまま、政治的ロビー活動によってもともとの制度の趣旨を変更することの問題性ははっきりと指摘されなければならない。

「監査」概念の明確化の必要性

自治体の公監査についてはこれまでの監査委員監査にしろ、包括外部監査にしろ、監査範囲はかなり広範かつ多様で、少なくとも企業会計における金融商品取引法または会社法による監査から想起する「監査」とは全く別のものといってもよい。自治体の外部監査制度では、監査の有資格者として公認会計士のみならず弁護士や行政実務に精通した者、さらに最終的には、税理士も含められたが、この制度が企業会計についての制度監査とは異なることが根拠になっているのであれば、その場合の「監査」の意味とともに、外部監査人としての専門的な知見を担保するための具体的な資格要件を明示しておくことは不可欠である。ことは私的な団体の任意監査の問題などではない。

外部監査人としての税理士容認のような有資格者の弾力化は、結果として「監査」の概念を以前にもまして不透明なものとした。きわめて限定されているとはいえ、新たに導入された外部監査制度にいく種類もの監査有資格者を認めた背景には、もともと、地方自治体における「監査」の意味が制度上明確にされていないところにも原因があるといえる。「監査」ということばは日常的にも幅広く使用されるが、制度として用いられる以上、明確な概念規定は必須の重要性をもっている。

『包括外部監査の通信簿』

包括外部監査の実際の開始は一九九九年四月からで、都道府県四七団体、政令市一二団体、中核市二五団体、条例に基づく任意の二団体、合計八六団体で始まった。それとともに、全国市民オンブズマン連絡会議では包括外部監査評価班を組織することによって、包括外部監査報告書の内容を評価し、『包括外部監査の通信簿』（以下、『通信簿』）としてまとめる作業を開始している。つまり、制度関係者といかなる利害関係ももたない民間組織が、自治体の外部監査制度について、自主的なモニタリング機能を果たそうというわけである。

『通信簿』では、

①　対象の選定は適切で監査結果は活用度があるか、
②　監査が充実し、評価が適切であるか、
③　報告書・意見書は判りやすいか、

という視点を定め、さらにそれぞれの具体的な内容について評価を行っている。評価については、市民の観点からよいものには率直に高い評価をし、問題のあるものにはこれまた率直に批判を加えるという姿勢で臨んでいる。その結果はA～Eの五段階（初年度のみ四段階）で表示されている。

また、『通信簿』は、外部監査人はもとより、行政および市民、あるいは関連領域の研究者から見ても興味深い資料となっており、当初何年間かは行政関係者の関心も高く、出版部数が短期間のうちに払底してしまったが、最近では話題性が少なくなるにつれて年々残部が増えつつあるという。このことは、制度開始から十数年が経過し、制度として完全に定着したという側面と、同時に、緊張感が希薄になってきているという側面とを表すものであろう。包括外部監査の結果は、議会、長および監査委員はじめ関連委員会等に報告されることになっており、監査によって指摘された問題の是正には一定の効果が期待されるものの、効果の検証が制度として確立されているわけではない。監査委員監査との関係を含めた全体の監査制度の見直しが求められる。

地方公監査の品質管理

企業会計の監査では品質管理についての厳格なシステムが形成されている。まず、監査法人は自己の倫理および品質管理について内部的にチェックするとともに、日本公認会計士協会の品質管理レビュー専門のチームが監査法人の品質管理の方針や運用状況に関する審査を行っている。その結果としての品質管理レビュー報告書が各監査法人に交布されるとともに、さらに、公認会計士・監査審査会および金融庁にも報告が行われる。それに基づいて、必要があれば金融庁は法律に則した処分を行う。このような幾重にもわたる監査の品質管理システムが設置されていてなお、企業の不正会計を未然に防止したり発見することができなかったカネボウ、オリンパス、東芝事件のような例が近年繰り返し発生している。

他方、地方公監査制度についての問題はこれまでにもしばしば指摘されてきているが、監査委員監査が適切に実施されたかどうかについての検証や評価のしくみは存在しない。こうした制度環境のなかで、全国市民オンブズマン連絡会議が発行する『通信簿』は、包括外部監査関係者からすればかなり気になる存在であり、外部監査の品質を維持するのに実質的な影響力を持ってきたといってよい。しかし、この評価機能は、自治体にとっては、あくまで市民団体が〝勝手にやっているもの〟であって、〝無関係の問題〟であり〝あずかり知らぬ問題〟である。また、監査人にとってはかりに低い評価がなされたとしても、当然のことながら、なんらサンクションを伴うものではない。制度発足以来十数年が経過し、『通信簿』によってどのような評価がなされたとしても大勢に影響がないとなれば、それに対する関心が薄れつつあるのは当然の結果であるともいえる。監査委員監査についても包括外部監査についても、その評価を民間に任せるだけではなく、公的にも一定のサンクションを伴う制度としての品質管理システムを創設する必要があるだろう。創設されたとしても、それが〝骨抜き〟になったのでは意味をなさないことはいうまでもない。この問題は、後に述べるように、財務書類に対する外部監査人による保証型監査が導入されれば、いっそう重要な課題として避けては通れない。

個別外部監査の枠組み

個別外部監査は包括外部監査と並んで制度化されたもので、選挙権を有する者の総数の五〇分の一以上の者の連署による請求、議会による請求、長による請求、住民による請求等によって、監査委員の監査に代えて外部の専門家による監査を求めた場合に行われる。個別外部監査にはその請求者も要求の内容も多様なものが含まれる。この制度化によって変化があったのは住民監査請求である。従来の制度では、住民が自治体当局に異議申し立てできるのは、当該自治体の首長または職員の違法または不当な公金の支出などにより当該自治体に損害を与えたと認められる場合に限定され、請求がなされた場合でも、多くの場合却下されてきた。こうした監査請求は住民訴訟を提起するための前置条件と位置づけられてきたが、個別外部監査にはそうした制約はない。住民による問題提起が形式上多少容易になったという意味においては前進といえる。

包括外部監査が、前述したように、地方自治法第二条第一四項および第一五項の要請を達成するために行われるものであるのに対し、個別外部監査は、わかりやすく言えば、何か問題が発生したときに、住民、議会または長からの要請に従って実施されるという相違をもつ。しかし、これまで個別外部監査が請求されたのはきわめて少数であるというのが実際の姿である。

指摘事項と改善処置要求

国における会計検査院と地方における監査員監査では、権限に質的な相違が存在することも意識しておかなければならない。前者には会計検査院法第三四条により、法令違反または不当事項を金額とともに「指摘事項」として示すことによって適宜の処置を要求し、その後についても同様の処置をさせることができる。さらに、同第三六条により、法令、制度または行政についての改善処置をその主務官庁に要求することができるという強い権限が付与されている。

これに対し、監査委員監査にあっても包括外部監査にあっても、基本的には報告を提出することでその任務は終了する。そのうえで、監査の結果に基づいて必要があると認めるときは、それぞれ「その意見を提出することができる」と規定されるのみであり（地方自治法第一一九条第九項、同第二五二条の三八第二項）、会計検査院のような強制力をもった要求の権限までは与えられていない。したがって、上記いずれの監査でも、報告書における「監査の結果」では「概ね適正」との記載が多く、「意見」でも控えめで、〝腰が引けている〟といわれる原因ともなっている。

情報監査と実態監査

監査には決算書という書類それ自体の監査と、その背景となった業務執行の事実にかかわる監査がある。前者を情報監査といい、後者を実態監査という。国の会計検査では、まず、会計検査院法第二〇条第一項に規定される「国の収入支出の決算の検査」が行われるが、これは情報監査とともにその背景となった業務執行の監査すなわち実態監査にまで及ぶ。さらに、同第二項によって「会計経理を監督し、その適正を期し、且つ、是正を図る」とともに、同第三項で規定するように、「正確性、合規性、経済性、効率性及び有効性の観点」からも会計検査を行う。他方、地方自治体における監査委員監査では、地方自治法第一九九条に規定されるように、「財務に関する事務の執行」と「経営に係る事業の管理」を監査することがその職務権限となる。

したがって、国の会計検査も地方自治体の公監査もそれらの検査または監査の本質は一見同じように理解できるが、前述したように、それぞれの事務態勢を念頭におけば、国の会計検査にあっては情報監査もさることながら、むしろそれ以上に予算執行の適否に関する実態監査が大きな意味をもつこととなる。それを支えるのが前述した全五局からなる組織とそこに配置された専門の調査官である。他方、地方自治体の場合には、監査委員事務局の人員や専門性から見て、予算執行の適否を評価するための十分な実態監査はきわめて難しい。

新しい公監査制度の提案

地方自治体における監査部局は執行機関の一部として位置づけられ、その独立性、専門性の確保という観点からたびたび問題提起がなされてきた。平成二二年一月、総務省に地方行財政検討会議が設置され、同年六月に閣議決定された「地域主権戦略大綱」に基づいて同会議の検討は改めて政府プロジェクトの一環として位置づけられた。

この検討会議の第二分科会では「監査制度の見直しの方向性（たたき台）」（平成二三年七月二二日）が呈示され、次のような興味深い三案が出されている。すなわち、

①　長の責任の明確化と監査の外部化（予算執行に関する長の内部監査機能、および、決算に関する外部監査人の責任の明確化）、
②　監査機能における内部と外部の明確化（内部監査役の設置とその責任、外部監査人責任の明確化）、
③　地方監査共同組織の設立（予算執行および決算に関する共同組織の監査と責任）

というものである。しかし、これらの案はいずれも現行の監査委員監査を廃止することが前提となっているため、その後の検討は中断されたままとなった。

「地方公共団体の監査制度に関する研究会」

その後、平成二四年、前述の「たたき台」を受けて、総務省に新たに「地方公共団体の監査制度に関する研究会」が設置され、研究会の「報告書」（平成二五年四月一九日）がまとめられた。そこでは、

①　監査基準の設定、
②　監査委員の専門性と独立性の確保、
③　監査委員事務局の専門性と独立性の確保、
④　内部統制の整備、
⑤　外部監査制度のあり方、
⑥　地方公共団体の監査をサポートする体制の構築

が取り上げられている。

さらに、第三一次地方制度調査会における専門小委員会でも、平成二七年一〇月、地方公監査制度について内部統制体制の整備・運用、統一的な監査基準の設定、監査委員の独立性と専門性、議選監査委員の必要性の有無、包括外部委監査制度のあり方、監査のための全国的な共同組織の構築等の論点が取り上げられ議論が始まろうとしている。

以上述べたように、地方公会計制度については改革がかなり進展し、なお修正を検討すべき余地はあるとしても、一国の制度としての統合がほぼ実現されつつある状況となった。いま、地方公監査制度の整備も具体的な問題となりつつあるが、なお時間を必要としそうである。

公監査基準の設定と課題

公監査基準を設定すべきであるという見解は以前からあるが、近年、改めてそれが多くの論者に共通した認識になりつつある。ちなみに、日本監査研究学会・課題別研究部会ではその主たる検討対象を公監査基準とし、最終報告として「地方自治体監査基準」（平成二三年九月一二日）をまとめ、そのなかで「地方公共団体監査基準（案）」を呈示している。

この最終報告では、決算書監査のみではなく業績監査、さらには、地方財政健全化法にいう財政健全化の判断指標に関する監査についても監査基準に組み込むかどうかが検討されたが、基準設定の困難さがあるとして今後の検討課題とされている。その結果、「地方自治体が現在策定している歳入歳出決算書等（現行現金主義会計の決算書に加えて、それを補完する発生主義決算書を含む）の決算書監査に関わる外部監査人の行動規範として重要な内容を取りまとめる」こととなったという。監査基準の設定については、これまで監査委員の関連諸団体からも基準に相当するものが示され、部分的には実務の場でも参考にされてきてはいるものの、「一般に認められた公監査基準」としての地位を確保できていないのは、多様な監査委員の職務権限を包括的な監査基準にすることの困難さを表すものである。

指摘型監査、指摘・評価型監査、および、保証型監査

監査には、問題のある事実を特定し、その内容を具体的に示す「指摘型監査」と、定められた基準や法令への準拠性と信頼性を証明する「保証型監査」との二通りの伝統的なタイプがある。前者はわが国の公監査制度における会計検査院がとる方法で、主としてヨーロッパ大陸諸国の会計検査制度に見られる。要するに、〝フランコ・ジャーマン型監査〟である。この方法は伝統的に裁判官的独立性をもって業務執行者の不正摘発を行うところから出発し、やがて合規性、秩序性等も視野に入れられるようになった。さらに、経済性、効率性、効果性等の業績評価も検査機能のなかに取り入れられるようになり、わが国の会計検査でも一九九七年の会計検査院法の改正によって、その本質は「指摘・評価型監査」になったといってよい。

他方、後者の保証型監査は、わが国では金融商品取引法および会社法に基づく企業の会計監査制度に見られるもので、投資家ないし株主に対し、会計情報が適正であるかどうかについて、公認会計士または監

査法人が専門家としての責任をもって意見表明をするものである。したがって、まず会計主体が遵守すべき会計基準（「一般に認められた会計基準」）と並んで、監査人が遵守すべき監査基準（「一般に認められた監査基準」）があらかじめ設定されていることが前提となる。このタイプの監査は、歴史的には投資家のための企業会計とともに国際的にも大きな影響力を及ぼしてきた〝アングロ・サクソン型監査〟として特徴づけることができる。このように、もともと企業会計に適用されてきた保証型監査が、近年、公監査にも適用すべき監査の考え方として検討されるようになってきたのである。

監査領域のタイプ分けと監査人の資格化

近年、地方公監査にも保証型監査が導入される可能性が高まってきているが、それは広範な監査領域すべてにかかわるものではなく、あくまでも、決算書監査すなわち情報監査に限定されるはずのものである。地方公監査には決算書監査以外にも、業績評価や実態監査が中心となる事業の執行についての監査領域もある。〝監査だというのだから、まず、その基準を作成しなければならない〟、〝それならば、企業会計の監査基準を利用すればよい〟という発想で公監査のための監査基準を設定しようとしても、これまでの検討がそうであったように、結局、行き詰まることとなる。というのは、全体を包摂するような基準を設定しようとしても、公監査があまりにも多様な領域をもっているからである。これまで監査基準の設定をめぐる議論は、多くの場合、これら広範な監査領域の区別をしないままに行われてきている。このように、単純に監査基準の設定という発想ではその実現は難しい。

そこで、まず、現行の包括外部監査、監査員監査制度は廃止または抜本的な見直しをしたうえで、監査領域をタイプ分けする必要がある。まず、決算書監査については外部の職業的専門家による保証型監査とする。要するに、金銭計算のみならず価値計算を取り込んで複雑化し、かつ、体系化された財務書類の監査を行うには、会計の専門家でなければ対応できないということである。次に、それ以外の実態監査をともなう領域については適当な規模に分けた地域ごとの共同監査組織による外部監査とし、その性格は指摘・評価型監査とする[5]。もちろん、自治体の規模によって精粗の差別化が行われることはあってもよい。これらの基本的仕組みをまとめれば次のようになる。

決算書監査 ……… 保証型監査 ──→ 外部の職業的専門家
業務執行監査 ……… 指摘・評価型監査 ──→ 外部の共同監査組織

法律上はどのようにすればよいか。地方自治法上、一定規模以上の市町村に「外部監査人の監査を義務づける」旨を地方自治法に規定し、その後に「外部監査を契約できる者」を監査領域のタイプ別に規定すればよい。つまり、国家資格をもつ者や経験者をただちに有資格者にするのではなく、機関としての「外部公監査人」を設置し、そのための試験制度を創設するとともに、有資格者として「当該試験に合格した者」と規定すべきであろう。ただし、試験は国家資格を有する者、公務員として制度的な検査や監査に従事してきた者には試験の全部または一部を免除する措置もあってよい。いずれにしても、外部公監査人となる要件は単に国家的な資格や経験ではなく、試験の合格者とすることとなる。これによって、有資格者の範囲が不透明なロビー活動等によって拡大解釈される可能性は縮小するであろう。

公会計の国際的潮流と保証型監査の導入

企業と行政組織とは本質的に異なるとはいうものの、事実として〝公会計の企業会計化〟と〝グローバル化〟は深く進行している。とりわけ二一世紀に入って多くの国で公会計制度の改革が行われ、測定の焦点が財務的資源のみならず経済的資源にまで拡張されるに伴って簿記法にも複式簿記が導入されるようになった。こうした公会計の考え方の根本的変化は、伝統的にドイツの影響力の強かったヨーロッパの国々でもそれまでのカメラル簿記からの離脱を促進することとなった。その結果、もし、カメラル簿記の本家ともいうべきドイツがそれから離れ、実務領域から消滅でもすることになれば、この簿記法は、〝歴史遺産〟になっていたかもしれないと、そんな冗談すら聞こえてきそうである。しかし、二〇〇九年の大規模な制度改革にさいしても、簿記法は複式簿記と拡張カメラル簿記との選択制となり、伝統的なカメラル簿記は文字通り〝不死鳥〟のようにその命脈を保った[6]。周辺の国々がカメラル簿記から離脱し、外堀を完全に埋められながらも、かろうじてカメラリズムの牙城を守ったかたちとなったのである。その結果、測定対象については新たに経済的資源を含めることとなったものの、簿記法については、連邦レベルとほとんどの州政府レベルで拡張カメラル簿記を選択する一方、多くの市町村は複式簿記を導入するというややいびつな新制度が出来上がった。その是非はともかくとして、〝頑な〟ともいい得るほど伝統的かつ独自の公会計制度をとってきたドイツでも、部分的に〝公会計の企業会計化〟が避けられない状況となった。

このように、ドイツでも〝企業化〟の傾向は、公会計の範囲にとどまらず、地方公監査にも大きな影響を及ぼしてきており、決算書の監査については、二〇〇九年の公会計制度改革以前にはなかった経済監査士（わが国の公認会計士に相当）または監査法人による監査が導入されつつある。その方法も企業会計の監査で用いられるリスク・アプローチを用いるものであり、全面的でないとはいえ、注目すべき変化が進行しつつある。

〝グローバル化〟の意味

多くの国における制度がしだいにひとつの方向に収斂されていくという事実は、アングロ・サクソン諸国における制度形成力と影響力の強さを表すものであり、また、好むと好まざるとにかかわらず、わが国の公監査もいよいよそうした潮流の渦のなかに入っていく時期がやってきたということなのである。

公会計制度の改革は公監査制度の改革を呼び、より強くより大きな流れのなかに一体化して行く。さらに、制度改革には国際関係と政治力が無関係ではない。そのことの是非をどのように捉えるかの答えを得るのは簡単ではない。それぞれの歴史のなかで育まれた固有の伝統的な文化や考え方を維持するか、それとも、伝統的思考を超えて役立ちそうなものを柔軟な感性で次々に取り込んで行くのか。この問題は、それぞれの文化としての制度的多様性を残して行くのか、政治的背景をも承認したうえで単一化を指向するのか、あるいは、それをどこまで容認するのかということでもある。公会計や公監査の制度づくりを通じて、何を捨てて何を取るかの選択がわれわれに問われている。企業会計やその監査とは異なって、公会計や公監査にも〝なぜグローバル化が必要なのか〟、そもそも〝グローバル化とは何か〟を改めて考えてみる必要があるということなのであろう。

注

1 山崎重孝「第二五次地方制度調査会『監査制度の改革に関する答申』について」(上)、『地方財務』平成九年五月号、および、同稿「同」(下)、『同』平成九年六月号参照。

2 第一四〇回国会　平成九年四月二四日衆議院地方行政委員会議事録参照。

3 第一四〇回国会　平成九年五月八日衆議院地方行政委員会議事録参照。

4 『日本税政連』、第三二九号(平成九年五月一日)参照。

5 これについてはドイツの制度が参考となる。亀井孝文稿「地方公監査における「指摘・評価型」と「保証型」」、『會計』(森山書店)第一八九巻第五号(平成二八年五月)参照。

6 この経緯については、亀井孝文編著『ドイツ・フランスの公会計・検査制度』、中央経済社　平成二四年参照。

第八章　公会計と企業会計の連関

個別の国における公会計制度改革の議論の進展とともに、公会計基準の国際的統合が提唱されるようになった。これは企業会計のための基準の国際的統合と同じであり、予想された動向ではある。また、「公会計の企業会計化論」を基礎に、それぞれの国の対応のしかたがさまざまなことも、企業会計基準の国際的統合の議論と同様である。公会計の領域でも国際的統合が必要なのかどうか。また、なぜ、特定の国の影響力が強く働くのか。会計基準の国際的統合の問題も、実は、国際関係のなかのひとこまであることを認識する必要がある。

会計制度と国際関係

公会計も広い意味では会計のなかの一領域であり、企業会計と密接な関係をもっている。日常的にグローバルな環境で行われる取引を記録する企業会計には、常に会計基準の国際化が問題となる。他方、公会計にあっても、近年その基準の国際化がさかんに議論されるようになってきているが、そこでの提案は企業会計に関する国際基準が基礎となっている。つまり、企業会計基準の国際的統合がまず始めにあって、それを前提にした公会計基準の統合論なのである。

しかも、その背景には、国際関係のなかで会計基準設定のへゲモニーをめぐるさまざまな葛藤が伏在しており、結果的に影響力の強い国の見解が色濃く反映されている。企業会計で培われてきた会計の理論や実務の知見を公会計に活用することは否定されるものではないが、行政機関を企業と本質的に同じ性格をもつものと見做し、公会計のほとんどすべての基準を企業会計の国際基準に基づいて統合しようとする考え方と方法に疑義がないわけではない。そもそも、公会計基準の国際化はどこまで必要かを考えるとともに、その現実の動向にどのように対応するかも重要な問題である。

公会計をめぐる国際環境

ともあれ、看過できないのがまずは国際公会計基準（ＩＰＳＡＳ）の存在であろう。この基準を作成し公表する国際公会計基準審議会（International Public Sector Accounting Standards Board：IPSASB）では、これまで国際会計基準（International Accounting Standards：IAS）または国際財務報告基準（International

Financial Reporting Standards：IFRS）を基礎に基準を作成してきたのであるが、二〇〇六年以降進めてきた概念フレームワーク・プロジェクトを終了し、二〇一四年一〇月には「公的主体における共通目的財務報告のための概念フレームワーク（Conceptual Framework for General Purpose Financial Reporting by Public Sector Entities）」（以下、「概念フレームワーク」）を公表するなど、公会計基準の国際化のために精力的な活動を行っている。

国際公会計基準を導入するかどうかはもちろん各国の自由裁量に任されているが、問題は、公会計基準をなぜ国際的に統一する必要があるのか、個別基準の基礎がなぜ企業向けのＩＡＳまたはＩＦＲＳでなければならないのかであるが、それらの疑問に説得力のある答が用意されているとはいえない。

アメリカの公会計制度改革

近年、すでに多くの国で公会計制度の改革が終了しているが、はじめに先進的ないくつかの国の事例紹介をしておこう。まず、アメリカである。周知のように、アメリカでは政府ファンド、事業ファンドおよび受託ファンドが置かれ、そのファンドはそれぞれ独立した実体として会計が行われている。これは「ファンド会計」と呼ばれ、かつて、政府型活動を行うファンドでは限定された測定焦点に対し修正発生主義が採用され、事業ファンドのようにビジネス型活動を行う場合には、企業会計と同様にすべての経済資源を測定の焦点とする発生主義会計が適用されてきた。しかし、ファンドごとに異なる会計を行う伝統的な制度は複雑であるという批判があり、一九九九年、政府会計基準審議会（Governmental Accounting

Standards Board：GASB）から公表された基準書第三四号により、ファンドの種類にかかわらず、すべて完全発生主義に基づく会計が行われるようになった。

フランスの公会計制度改革

フランスでは会計の基礎的な枠組みや実務に関する基準を示すものとしてプラン・コンタブル・ジェネラルが、一九四七年以来何回かの改訂を伴って、企業会計はもちろん公会計にもマクロ会計にも適用されてきている。

地方自治体の公会計については一九九六年の会計指令Ｍ一四によって発生主義概念が導入され、また、国の会計については、二〇〇一年に改正された財政組織法（loi organique relative aux lois de finances：LOLF）で関連条文が規定されてその方向性が示されるとともに、二〇〇四年以降、ＩＦＲＳおよびＩＰＳＡＳを織り込んだ国レベルの公会計基準によって発生主義が適用されている。

ドイツの公会計制度改革

ドイツでは、一九六九年の財政改革以降、予算および公会計は連邦にも各州にも適用される最も基本的な上位規定としての「予算原則法（Haushaltsgrundsätzegesetz：HGrG）」に準拠して制定された規則に従うという体系化がなされている。具体的には、連邦はＨＧｒＧに基づいて制定された「連邦予算規則（Bundeshaushaltsordnung：BHO）」に、各州も同じくＨＧｒＧに基づくそれぞれの「州予算規則

(Landeshaushaltsordnung：LHO)」に従うということになる。

近年、多くの国で新しい考え方に基づいて公会計制度の改革が議論されてきたが、ドイツでも一九九七年ＨＧｒＧが大きく改正され、「ドイツ商法典（Handelsgesetzbuch：HGB）の諸原則に基づく簿記および会計」の導入が認められた。それに伴ってＢＨＯもＬＨＯも改正が行われた。その要点は、伝統的に適用されてきたカメラル簿記に加えて複式簿記も容認するというものである。その後、国際的動向も踏まえて、どのような簿記法をとるべきかについては、「複式簿記かカメラル簿記か」という図式のなかで、研究者や実務家の意見が二分されるほどの議論となった。その結果は、二〇〇九年の予算原則現代化法の制定によって、二〇一〇年以降、複式簿記と拡張カメラル簿記（公会計に対応した発生主義概念に基づく改良型カメラル簿記システム）との選択制とすることで決着したのであった。つまり、複式簿記への一本化はなされなかったことになる。結局、連邦政府は従来の方法に発生概念を入れた拡張カメラル簿記を選択し、州政府は拡張カメラル簿記派と複式簿記派に分かれ、各州の多くの自治体（市町村）は複式簿記を選択することとなった。すでに述べたように、〝ドイツ公会計の魂〟ともいうべきカラメル簿記は、強靱な生命力をもってなお存続している。

オーストリアとスイスの公会計制度改革

スイス、オーストリアは、ドイツの制度からの強い影響を受けている国である。それらの改革についても簡単に触れておきたい。

スイスの州（カントン）レベルではすでに一九七七年に複式簿記の適用を開始するとともに、完全発生主義による公会計制度を完成し、一九八八年までにすべての州およびその自治体（市町村）に導入している。制度改革の議論では、ニュージーランドにおける改革が最も早い事例として取り上げられることが多いが、むしろスイスにおける改革の方が早い段階のものである。もちろん、スイスの改革における基本的理念はいわゆるNPM論とは異なる。さらに、二〇〇五年にはIPSASを指向する新連邦会計モデルが公表され、翌二〇〇六年より財政予算法として施行されている。また、二〇〇八年にはすでに完全発生主義を導入していた州の公会計と連邦の公会計とを調和化し、現在はIPSASに基づく会計制度が運用されている。

また、オーストリアの連邦レベルでも、二〇〇九年一月一日施行の連邦予算法によって、それまで採用してきたカメラル簿記の改良型としての多段階簿記から、二〇一三年以降、複式簿記に基づく発生主義会計に移行している[1]。

企業会計基準の国際化をめぐる動き

いくつかの国々の状況を紹介してきたように、公会計制度の改革は多くの国においてほぼ終了している。こうした状況と並行して公会計基準の国際的な統合が検討されているが、それを強力に後押ししているのが企業会計基準の国際化である。歴史的に見ると企業会計は公会計から大きな影響を受け、いま逆に公会計に影響を与え続けている。公会計基準の国際化がどのような意味をもつのかを知るためには、密接な関係をもつ企業会計の基準が国際的にどのような状況にあるのか、さらに、その本質は何であるのかを見ておかなければならない。

企業会計基準の国際的統合については、一九七三年設立の国際会計基準委員会（International Accounting Standards Committee：IASC）によって公表されてきたＩＡＳ、および、同委員会を継承した国際会計基準審議会（International Accounting Standards Board：IASB）によるＩＦＲＳがよく知られるところである。

ＥＣ第四号指令における基本的思考

企業会計基準の国際化を考えるとき、特定の地域における会計制度の国際的な調整手段としてのヨーロッパ経済共同体（European Economic Community：EEC）第四号指令「年度決算書」についても意識しておく必要がある。これは域内の単一市場化に向けて、加盟各国の会計規定をある程度均質化しておくための共同体の制度統合のひとつを意味する。その第一次指令案はすでに一九七一年に「正規の簿記の諸原則」というドイツ流の考え方（この概念は、諸外国では「一般に認められた会計原則または会計基準」とも表現される）を基礎としたものが構想され、ＥＥＣにおける制度調和化の方針はほぼ最終決定の段階にあった。しかし、一九七三年、イギリスの加盟とともに、ヨーロッパ共同体（拡大ＥＣ）が発足した時点からイギリス型会計思考の導入が強く主張され、さまざまな曲折を経て、結局は同国の「真実かつ公正な概観（true and fair view）」が修正案に取り入れられることとなった。この逆転劇はイギリスにとっては一種の勝利であるともいわれ、逆にドイツの側から見ると、根本的な思考転換を意味するという見解もあったほどである。最終的にはその修正案に基づいて、一九七八年七月二五日に第四号指令が確定されるという経過をたどった。こうした過程を見ていくと、かつてのECというリージョナル・ガバナンスの枠組みにおける会計制度の調和化ひとつをとってもさまざまな葛藤が存在したことが浮かび上がってくる。

IASからIFRSへ

EC第四号指令は、周知のように、共同体加盟国の商法等における制定法としての会計規定を、域内で調和化するというパブリック・セクター主導の問題であった。これに対し、同時期に発足した当時IASCによる基準は、参加国の会計士団体というプライベート・セクターの提唱による会計基準を国際的にどのように普及させるか、さらには、それをどのように慣習法化させるかという全く次元の異なる問題であった。

IASについての国際的な受け止め方は、当初、単に議論の材料という性格のものとして理解されたに過ぎなかったが、一九九〇年代に入って大きな転換を迎えることとなった。そのきっかけとなったのが一九八六年に創設された証券監督者国際機構（International Organization of Securities Commissions : IOSCO）である。このIOSCOがIASCを支持し、一九九三年、四〇項目に及ぶコア・スタンダード（核となる会計基準）を一九九九年までに作成することを要請したことがアメリカの会計基準設定の方針にも大きな影響を与えることとなった。しかも、二〇〇一年、IASCはIASBに改組され、また、そこで作成される基準もＩＦＲＳとなり、その存在と作成される会計基準の重要度はますます大きいものとなっていったのである。

アメリカ会計基準の威信とその失墜

当初アメリカはＩＡＳに対して傍観的な姿勢をとってきたのであるが、コア・スタンダードが完成する頃からＩＡＳＢに積極的に関与し始めている。それには次のような背景があった。もともとアメリカでは一九七三年に設立されたアメリカ財務会計基準審議会（Financial Accounting Standards Board：FASB）が会計基準の作成を行っているが、次第に大きな存在となってきたＩＦＲＳが、ＦＡＳＢの財務会計基準書（Statement of Financial Accounting Standards：SFAS）を凌駕して、文字通り国際基準となる可能性をもってきたことに危機意識を感じ始めたのである。また、アメリカでは二〇〇一年にニューヨークで同時多発テロ事件が発生した。それを機に中東へ軍事介入するという国家的な事件が起き、国全体の関心は大きく転換することとなる。さらに同じ年にはエネルギー総合会社のエンロンによる巨額の粉飾事件と、翌年にはＩＴ・通信会社のワールドコムによるこれまた巨額の粉飾事件が生ずるに及んで、高水準を自負してきたアメリカの会計と監査は、その信頼が一気に失墜してしまうという重大な問題も重なった。二〇〇八年のいわゆるリーマン・ショックもまた無関係ではない。そもそも、ＳＦＡＳとＩＦＲＳとではそれぞれ基本的な考え方が異なるという事情がある。前者が基準を可能な限り詳細に規定するという細則主義をとるのに対し、後者は会計基準を柔軟に適用できるよう細部にわたる画一化はしないという原則主義をとるのである。しかも、この原則主義はイギリスの伝統的な考え方であるところにも留意しなければならない。

IFRSへのEU加盟国の対応

ＩＦＲＳをめぐってヨーロッパでは少なくとも二つのねらいがあったとされる。ひとつは、一九九三年、旧ＥＣが改組され新たに発足したヨーロッパ連合（ＥＵ）における会計規定の再構築である。一九七八年の第四号指令によって、会計規定の関係法令が加盟各国で改正され調和化されてきたことについてはすでに述べた通りであるが、これには各国の主張を考慮して加盟国に四〇通りもの立法上の選択権が与えられていたために、結局、「調和化」という方法による統合は成功せず、それに代わる措置として構想された。もうひとつは、ＥＵ域内で統一的に適用される会計基準によって作成された財務報告がアメリカでそのまま受け入れられるようにすることであった。ＩＦＲＳが〝ＥＵ発〟といわれることがあるのはそうした意味が込められているのである。しかし注意を要するのは、ＥＵ加盟国がＩＦＲＳを受け入れるためには、ＥＵ第四号指令における基本的要請を満たすことが大前提となっていることである。そのうえで各種のエンドースメント（承認）手続きを経なければならず、その限りでの基準統合ということなのである。したがって、必ずしも純粋なＩＦＲＳがＥＵ加盟国にそのまま受け入れられるということではない[2]。さらに、決定的に重要なことは、ＩＦＲＳはＩＡＳＢという国際的組織から公表された基準であるような外観をもつが、その内実はイギリス基準の色合いを濃厚に帯びたものであるということである。

〝国際会計基準戦争〟とその実相

会計基準の国際化は、結局、アメリカとイギリスの主導権争いであり、この厳しい関係を〝国際会計基準戦争〟[3]と呼んだ論者もいる。こうした状況を打開するために、二〇〇二年、FASBはIASBとアメリカのノーウォークで、国境を越えて利用できるような会計基準を作成することに合意し、コンバージェンス（収斂）の方向性を見いだそうとした。しかし、この合意の主体は実のところアメリカとイギリスであり、この「ノーウォーク合意」は、国際会計基準を設定するのは自分たち二か国であることを国際的に公言したもので、「これほど世界をばかにした話はない」と手厳しく処断する研究者もいる[4]。もっとも、アメリカはIFRSへのかつてのような積極的関与の姿勢から現在では導入慎重論に傾いてきており、その導入は延期されて今日に至っている。このような欧米中心の世界観のなかで形成されていく制度に、アジアもアフリカも南米も関与する余地はほとんどないというのが実情である。しかし、興味深い事実もある。IFRSを導入したとしている国はすでに一〇〇カ国以上になるが、その実態となるとさまざまで、IFRSを完全なかたちで採用している国、その基本原則を自国のことばで置き換えている国、IFRSの一部を除外して導入している国、さらに、IFRSの一部のみを採用している国など種々の差異があるという[5]。結局、その基準に従って会計が行われているかどうかを厳密にチェックする監査もなければ、それを監視するシステムもない以上、多くの国がIFRSを〝導入したふり〟をしている可能性すらあるというのである[6]。

会計基準の国際化とドイツ

さて、もうひとつ見ておかなければならない国がある。それはドイツである。まず、一九七三年からの第四号指令案をめぐる確執で、ドイツが最終的にイギリス型の会計の考え方に譲歩した背景には何があったのか。しかし、どのような経緯があったとしても、ひとたび第四号指令が確定すれば、それに従って国内関連法を改正するのは加盟国として当然であるが、それはあくまでも外面の話である。ドイツは自国における伝統的な会計思考としての「正規の簿記の諸原則」を徹頭徹尾温存したのであった。

こうした事実を抜きにしては近年におけるドイツのIFRSに対する対応を見誤ることとなる。端的にいえば、ドイツから見るとIFRSは、国内に賛否両論はあるものの、必ずしも歓迎すべき基準として評価されているわけではない。IFRSを中心とする会計基準の国際化が〝グローバル・スタンダードという妖怪〟[7]という表現をもって語られるところを見ても、IFRSに対するドイツの受け止め方が伝わってくる。会計基準の国際化をイギリスが主導し、そこにSFASを擁するアメリカが複雑に絡む。この問題への対処はどの国にとっても決して簡単なものではない。結局、ドイツの国際的調和化への対応は、IFRSからいかに意識的に距離を置き、いかに巧みに接近するかという戦略の問題として意識されたのであった。つまり、ドイツ商法典（HGB）の改正は、「HGBの規定をIFRSに適度に接近させる」というところに最終目的が置かれたのだという[8]。また、国際化の巨大な潮流のなかにあって、ドイツが自らの会計パラダイムを支える思考を維持しながら、なおかつ国際化にあわせて巧みに制度改革を行うという「二元的対応」は実に注目すべきものであるともいう[9]。ドイツは、会計基準の国際化の動きへの対応について、それに密着することも、完全に離れてしまうこともなく、いわば〝つかず離れず〟という身の処し方を実践しているのである。

企業会計基準国際化の行方

とりわけ一九九〇年代以降における会計基準に関する国際化論を見ると、当時はその潮流がますます加速し、国際的統合は急速に進行するであろうと誰もが考えた。ＩＡＳＣがＩＡＳＢとなり、さらに、ＩＡＳがＩＦＲＳとなってそうした方向性は決定的とも思えた。しかし、国際化の議論が大きくなって二〇年余、なお、企業会計の国際的統合は容易に完成しない。なぜなのか。その理由は、第一に、それぞれの国や地域には固有の市場制度と会計関連法があり、単一の会計基準を取り入れることは困難であること、第二に、ＩＦＲＳという基準の理論的特殊性にあるともいわれる[10]。つまり、特定の国の考え方があまりにも強く反映された基準は他の国々にとっては容易に同調できないということなのである。もちろん、ＩＦＲＳの任意適用や部分導入は多くの国で行われているが、全面導入には至っていないということはすでに述べたとおりである。

二〇一一年六月末、イギリスの会計思考を国際社会に周知させた最大の功労者といわれるイギリスの公認会計士デービッド・トウィディーがＩＡＳＢの議長を退任した。まさに一時代が去ったといっても過言ではない。時を合わせたように、わが国の企業会計審議会は、二〇一一年六月、ＩＦＲＳを強制適用する場合の目安となっていた二〇一五年三月期の延期を発表している。また、アメリカは同じ時期にＩＦＲＳ

の適用の先送りを示唆していたが、二〇一二年七月、SECがIFRSをめぐる最終報告書で適用の勧告を見送ることを公表している。会計基準の国際化をめぐる喧噪の時期が過ぎ、今後しばらくは静かな議論が続くのであろう。議論がどのように進展するのか、さらに注視しなければならない。

公会計の企業会計化とイギリス

さて、話題をわれわれの最大の関心事である公会計に戻そう。企業会計も公会計も会計であることに変わりなく、近年、公会計は企業会計から大きな影響を受けている。その意味で企業会計基準の国際化から目を離すわけにはいかない。とりわけ、ニュー・パブリック・マネジメント（NPM）の考え方に立てば、国民や市民は顧客、かつ、行政はそれに対するサービス提供機関であり、企業との差異はないということになる。その結果、公会計にそのまま企業会計基準を当てはめればよいとする考え方が出てくるのは当然である。

事実、IPSASBから公表されている公会計の国際的標準化のためにIPSASは、その個別基準のうち、行政に固有な活動にかかわる第二二号から第二四号以外のものはすべてIASまたはIFRSをベースに作成されている。つまり、行政機関も企業と同じであれば、基本的には公会計も企業会計と同じ基準を適用することによって足りると考えるのである。公会計の企業会計化そのものである。IPSASBによって公表される公会計基準はいかなる国に対してもその導入が強制されることはないとしても、公会計を語るときいまやIPSASを看過することはできないほどの影響力をもっている。

さらに、公会計基準の国際化を考えるのであれば、もともとＩＡＳとＩＦＲＳを経由して作成されたＩＰＳＡＳの導入を議論するよりも、直接ＩＦＲＳを導入した方が簡明であるとする考え方もある。この立場に立つのがイギリスである。イギリスから見れば、自国の企業会計基準の色合いを濃厚にもつＩＦＲＳが、企業会計のための国際基準として大きな影響力をもち、さらに、ＮＰＭの考え方に立って行政機関と企業とを同一視できるのであれば、公会計にもそれを適用することが最適であることは明らかなのである。こうして公会計の場においてもイギリスはその強い個性を打ち出しているのである。また、とくに政権交代を機として、行政評価の新しい手法がエネルギッシュに開発され実行されていることも、わが国においても多くの報告によってよく知られるところである。

ＩＰＳＡＳとＩＡＳ／ＩＦＲＳとの対応関係

ＩＰＳＡＳの大部分はＩＡＳまたはＩＦＲＳを基礎に作成されている。つまり、ＩＰＳＡＳでは、パブリック・セクターをプライベート・セクターと同様に理解することが可能であるとの立場に立ち、公会計は企業会計をほぼそのまま適用することができることを前提にしていることを前節で紹介した。具体的にどのような関係があるのか。以下、これまでのＩＰＳＡＳとＩＡＳ／ＩＦＲＳとの関係は、図表８－１のような現状となっている。

図表 8-1　IPSAS と IAS/IFRS との対応関係

基準	基準の表題	対応基準
IPSAS 1	財務諸表の表示	IAS 1
IPSAS 2	キャッシュ・フロー計算書	IAS 7
IPSAS 3	期間純剰余または欠損、重大な誤謬および会計方針の変更	IAS 8
IPSAS 4	外国為替レート変動の影響	IAS 21
IPSAS 5	借入費用	IAS 23
IPSAS 6	連結財務諸表－被支配主体に対する会計処理	IAS 27
IPSAS 7	関連組織に対する投資の会計処理	IAS 28
IPSAS 8	ジョイント・ベンチャーに対する持分の会計処理	IAS 31
IPSAS 9	交換取引から生ずる収益	IAS 18
IPSAS 10	超インフレ経済下における財務報告	IAS 29
IPSAS 11	工事契約	IAS 11
IPSAS 12	棚卸資産	IAS 2
IPSAS 13	リース会計	IAS 17
IPSAS 14	後発事象	IAS 10
IPSAS 15	金融商品：開示および表示	IAS 32
IPSAS 16	投資不動産	IAS 40
IPSAS 17	有形固定資産	IAS 16
IPSAS 18	セグメント別報告	IAS 14
IPSAS 19	引当金、偶発債務および偶発資産	IAS 37
IPSAS 20	特別利害関係の開示	IAS 24
IPSAS 21	非資金生成資産の減損	IAS 36
IPSAS 22	一般政府部門に関する財務情報の開示	なし
IPSAS 23	非交換取引から生ずる収益（税および移転）	なし
IPSAS 24	財務報告書における予算情報の提供	なし
IPSAS 25	従業員給付	IAS 19
IPSAS 26	資金生成資産の減損	IAS 36
IPSAS 27	農業	IAS 41
IPSAS 28	金融商品：表示	IAS 32
IPSAS 29	金融商品：認識と測定	IAS 39
IPSAS 30	金融商品：開示	IFRS 7
IPSAS 31	無形固定資産	IAS 38
IPSAS 32	サービス譲与契約	SIC 29
IPSAS 33	IPSAS の初めての適用	IFRS 1
IPSAS 34-38	他の主体への関与（これまでの IPSAS の修正）	―
IPSAS 39	従業員給付（IPSAS25 の置き替え）	―

ドイツにおける公会計基準の現代化

ドイツの動きはどうか。この国では公会計制度を、二〇〇九年、予算原則現代化法（Haushaltsgrundsätzegesetz-modernisierungsgesetz：HGrGMoG）によって抜本改革したさい、ＩＰＳＡＳを看過こそしなかったものの、直接それに依拠するという方法もとらなかった。その考え方はこうである。一九九七年の改正ＨＧｒＧでカメラル簿記に加えて複式簿記によることも容認し、二〇〇九年の改正ではそれをさらに前進させた。ＨＧｒＧによって形成されるドイツ公会計制度に、部分的であるにせよ企業会計の考え方を導入し現代化するということは、ＨＧＢにおける企業会計の基本理念すなわち「正規の簿記の諸原則」概念を実質的に取り入れるということに他ならない。そのＨＧＢはすでにＥＣ第四号指令の国内法化以来国際的動向にも対応したはずである。とりわけ二〇〇九年の企業会計のための会計法現代化法（Handelsgesetzbuchsmodernisierungsgesetz：HGBMoG）が、「ＨＧＢの規定をＩＦＲＳに適度に接近させる」という基本姿勢に基づいて制定されている以上、ＨＧｒＧはＨＧＢを経由してすでに現代化されていることとなる。したがって、新しい公会計制度の策定にさいして、これ以上さらにＩＰＳＡＳに接近する必要はない、というのがドイツの基本的な立場なのである[11]。この考え方を時系列に従って俯瞰すると次のようにまとめることができる。

一九七八年　ＥＣ第四号指令〈企業会計規定〉
（イギリス型会計思考の導入）

←

一九八六年　新ＨＧＢ制定〈企業会計規定〉
（国際的動向を考慮）

←

一九九七年　ＨＧｒＧ〈公会計規定〉
（ＨＧＢにおける基礎的思考を部分適用）

←

二〇〇九年　ＨＧＢＭｏＧ〈ＨＧＢの現代化規定〉
（ＩＡＳ／ＩＦＲＳを考慮）

←

二〇〇九年　ＨＧｒＧＭｏＧ〈ＨＧｒＧの現代化規定〉
（ＨＧＢにおける基礎的思考をさらに公会計に適用）

←

公会計制度の現代化

このように、ドイツ公会計制度は、経済資源を測定の焦点としてその認識基準に発生主義を取り入れるとともに、複式簿記または拡張カメラル簿記によって国際的動向を考慮し、同時に、伝統的な思考をも温存するといういわば二元的対応をとった。かつて、ドイツからの影響によって公会計にカメラル簿記を適用してきた国々が、ほとんどその簿記法から離脱したなかでの対応である。この考え方は、ドイツの企業会計制度の現代化のさいにとられた「グローバル・スタンダードにいかに接近し、いかに意識的に距離を置くか」という戦略と全く同じといってよい。

ＩＰＳＡＳ「概念フレームワーク」

すでに述べたように、ＩＰＳＡＳＢは、二〇一四年一〇月、「概念フレームワーク」を決定し公表した。Ａ四サイズ用紙一二一ページというボリュームである。アカウンタビリティと意思決定有用性がこれまで以上に強く意識されている。そこでは、これまでの財務諸表（financial statements）に加えて、公的サービスの受け手でありパブリック・セクターへの資源供給者である市民はもちろん、政府の統計部門、アナリスト、メディア、財務アドバイザー、公的利害関係者、ロビー活動グループ等の多様な利用者の情報ニーズに対応した財務報告（financial reports）を提供することが構想されている。つまり、特定の関係者を意識した情報ではなく、多様な利用者にとって共通する目的のために作成される財務報告（ＧＰＦＲｓ）を作成するとともに、その概念を明確にすることによってＩＰＳＡＳや推奨実務ガイドライン（ＲＰＧ）を設定するためのグッド・プラクティスを提供するものとされる。この概念フレームワークについて、そのなかでＩＰＳＡＳＢ議長のアンドレアス・ベルクマンは、「パブリック・セクターが作成するグローバルな財務報告のためのランドマークであり、また、これはパブリック・セクターに関するグローバルな基準設定主体としてのＩＰＳＡＳＢの成熟を証明するものでもある」と述べている。

このように、ＩＰＳＡＳＢの精力的な作業は、ＩＰＳＡＳにおける個別基準の整備を経て、単に財務諸表レベルのみならず多様な利用者を想定した広範な財務情報の作成にまで進んできている。しかし、同時に、ＩＰＳＡＳの内容や全体的な意義について、容易に解消できない疑問が存在していることも否定できない。

公会計基準に関する国際化への疑問

企業会計基準の国際化とならんで、公会計基準のそれはどうなるのであろうか。ＩＡＳおよびＩＦＲＳによる企業会計のレベルで国際化が容易に実現できない現状を想起すると、それらを基礎として作成されたＩＰＳＡＳによる公会計基準の国際化も容易ではないことが予想される。まして公会計における会計主体はパブリック・セクターであり、まさに主権の問題が関係することから、プライベート・セクターとしての企業への適用よりもさらに複雑となる。その要因には次のようないくつかの問題が指摘され得るであろう。第一に、公会計基準に関する国際化の目的が必ずしも明確になっていない。第二に、行政の場合、企業のように外国の相手方との間で日常的に取引や資本移動が行われるわけではない。第三に、公債への国際的な投資状況に照らして、新しいタイプの公会計情報に対するニーズが実際にどの程度あるのかが不明である。第四に、それぞれの国や地域における行政の財務活動に関する国際比較が現行制度のもとで不可能というわけではない。要するに、企業活動と行政活動とを完全に同じ次元で考えることはできないということをまず念頭に置く必要があるであろう。

公会計基準の国際化とEPSAS

公会計基準の国際化にはグローバルなステージの問題だけではなく、リージョナルなものもある。ＥＵにおけるヨーロッパ公会計基準（European Public Sector Accounting Standards：EPSAS）がその典型例である。これは、二〇一三年三月六日、ヨーロッパ委員会が閣僚理事会および議会に提出した報告書に盛り込まれたものである。ＥＵでは、先に言及したように、財政規律協定で政府予算に関する「黄金律」を義務づけるなど予算への規制を強める政策が打ち出されており、公会計にもそれを反映させるための発生主義に基づく予算基準を取り入れることが考えられている。しかしながら、イギリスは予算にまでＥＵの組織的関与が及ぼされるのは主権侵害であるとしてこの財政規律協定には参加しなかった。

このように、パブリック・セクターにおける予算制度や会計制度のあり方はプライベート・セクターに適用されるものとは本質的に異なる問題を抱えている。ＥＵのような特定の地域における統合ですら問題は少なくないのであるが、ましてやグローバルな次元での統合はさらに熟考を要する。しかも、国際化が何らかの意味において〝バイアスをもった統合〟であるとすれば、議論の先行きは容易ではないであろう。

公会計制度の国際的統合はすでに十分

マクロ会計のレベルで見ると、すでに国民勘定体系（System of National Accounts：SNA）によって国際比較が可能となっており、二〇〇八年には発生主義概念の導入を行っている。また、ヨーロッパ統合経済勘定体系（European System of Integrated Economic Accounts：ESA）でも同様である。マクロ会計へのミクロ会計としての公会計制度のリンケージも提案されるようになってきている。もちろん、マクロ会計とミクロ会計とでは観点が異なるものの、基本的な国際比較は可能である。

また、これまでの各国における公会計制度改革の議論と国際的な情報共有によって、発生主義概念の導入や複式簿記の適用を中心とする基本的な制度転換はすでに多くの国で実現されている。それに加えてさらに、ＩＰＳＡＳによって国際的に公会計基準を統合しなければならないという考え方に必ずしも説得力があるとはいえない。そう考えれば、これまでに到達した〝公会計制度の事実上の国際的調和化〟で十分であろう。

国家の威信をかけた会計基準の国際的統合

政治、経済、科学技術、軍事、文学、芸術、スポーツ等多くの領域を見ると、いわば〝得手不得手〟がどうやら国ごとに違うようである。そうした得意領域が多ければ多いほど国際的なインパクトは強くなる。それぞれの国がいかなる領域でどのようにヘゲモニーを獲得するかについては各国のさまざまな思惑が交錯することとなる。ドイツは「強さへの自信と謙虚さ」を演出しながら、とりわけＥＵのなかで政治や経済の領域で自らの位置を獲得しようとし、イギリスはそうしたドイツへの牽制や拒絶意識とともに、会計基準の国際化で自らの存在を主張しようとする。

現在、ヨーロッパで過去いく度かの二国間の戦争や第一次・第二次世界大戦のような大きな事件につながるような緊迫した状況はないが、EUにおける一見平和な話し合いのテーブルの下では各国のさまざまな思惑がぶつかり合っている。それを見守る各国の識者や世論は、ここでその一部を紹介したように互いに厳しい論調に満たされている。企業会計であれ、公会計であれ、その基準の国際化の問題は、決して会計制度それ自体の問題ではなく、こうした錯綜する国際関係、より端的にいえば、国際的なヘゲモニー争いのなかのひとこまに過ぎないことを意識しておかなければならない。

注

1　オーストリアの公会計制度とその改革については、次のものに詳述した。亀井孝文著『公会計の概念と計算構造』、森山書店　平成二五年。

2　佐藤誠二著『国際的会計規準の形成―ドイツの資本市場指向会計改革―』、森山書店　平成二三年参照。

3　磯山友幸著『国際会計基準戦争』、日経BP社　平成一四年。

4　田中弘著『国際会計基準はどこへ行くのか―足踏みする米国・不協和音の欧州・先走る日本―』、時事通信社　平成二二年。

5　田中前掲書参照。

6 田中前掲書参照。

7 佐藤博明／ヨルク・ベェトゲ編著『ドイツ会計現代化論』、森山書店　平成二六年。

8 佐藤／ベェトゲ前掲書参照。

9 佐藤／ベェトゲ前掲書参照。

10 辻山栄子編著『ＩＦＲＳの会計思考』、中央経済社　平成二七年。

11 二〇〇九年の改正ＨＧｒＧに基づいて「連邦・州共通複式会計基準」（二〇一〇年一一月三〇日）が公表されており、これについては、亀井孝文編著『ドイツ・フランスの公会計・検査制度』、中央経済社　平成二四年でも言及した。また、この基準の内容については、金子善行稿「ドイツ公会計基準における世代間衡平性の意義―将来世代の保護による現在世代と将来世代の利害調整―」、『會計』（森山書店）第一九〇巻第六号（平成二八年一二月）参照。

第九章　国際的なヘゲモニー争いの背景

企業会計基準や公会計基準の国際的統合の潮流の背景には個別の国の間のさまざまな駆け引きがある。言い換えれば、国際的なヘゲモニー争いである。とくにイギリスの立場は興味深い。

イギリスの〝事情〟

もともと国内基準であるＳＦＡＳを強力に押し出してきたアメリカに対し、イギリスが会計基準の国際的統合になぜこれほどの情熱を注ぐのか。いま、その背景的要因となっているイギリスの〝事情〟に焦点を当てて考えてみよう。

かつて、イギリスは世界で最初に産業革命をなし遂げ、七つの海を制するといわれるような海洋国家になったと同時に、やがて世界の陸地の約四分の一にも及ぶ広大な植民地を所有した。かつて、ヨーロッパのいくつかの国が世界的な領土拡大に動いたが、そのなかで最大の成功を収めた国がイギリスであり、「拡大するヨーロッパを描くことは、イギリス帝国の拡大を論じること」であるとさえいわれる[1]。その結果、一九世紀後半以降のイギリスは、まさに「世界のヘゲモニー国家（覇権国家）」になったのである[2]。そうした時期に、イギリスは世界各地の植民地から入ってくる原材料を製品にして海外に送り出すという文字どおり「世界の工場」となったが、その頃にはドイツが国の統一をなし遂げてルール地方を中心とした重工業化を精力的に進め、あるいは、アメリカが南北戦争を経て、鉄道路線のさらなる延伸と鉄鋼産業の発展により資本主義経済の確固たる基礎を築き始めていた。これら後発の国々の追い上げは、イギリスにおける根本的な産業構造の転換をもたらすこととなった。

イギリスにおける経済の衰退と再生

一九世紀後半は「産業革命第二段階」と呼ばれ、あるいは「第二次産業革命」ともいわれるが、百年単位で見れば、イギリスにおける工業面での衰退は皮肉にもまさにこの時期に始まっていたとする見方もある[3]。実際、工業製品輸出の国別シェアをみてもイギリスのそれは急速に低下している[4]。原因はヨーロッパ諸国やアメリカが保護関税政策をとることによって自らの新しい産業の育成を図ったこと、また、イギリスが技術革新や企業経営の新しい方法に対応できず、競争に敗退していったことであるという[5]。好むと好まざるとにかかわらずこうした産業構造の大転換、つまり産業のソフト化が進行したのであり、また、それを行わざるを得ないという事情があった。

アメリカへのイギリス会計士の移動

アメリカの産業構造がしだいに重工業化して行く過程で、企業の資金需要が高まっていったのは当然のなり行きであり、その企業活動に対するその資金の供給源こそまさにイギリスだったのである。当然、アメリカ企業に関する情報ニーズが高まったのであるが、そうした情報はイギリス会計士を介して投資家に伝えられた。高まる情報ニーズは、遂にはイギリス会計士を集中して渡米させることとなった[6]。会計士の集団的移動は少なくとも三回ほどあったといわれる。その始まりはすでに一八世紀後半に見られるが、本格的には一八四〇年代初頭の鉄道建設期と重なる。さらに、南北戦争後、一八八八年から翌年にかけて、イギリス証券引受団体の求めにより、アメリカ企業の財政状態と収益力を調査するためにロンドンの会計士が派遣されたのだという[7]。醸造会社の買収のための調査はその典型的事例である[8]。二〇世紀に入ってアメリカの経済がますます発展する過程で、さらに高まった資金需要はイギリスを「世界の銀行」へと変貌させ、「世界の工場」はイギリスに代わってアメリカがその役割を担い始めることとなった。このような役割交替は、会計と監査という側面からみると、まだそのためのノウハウをほとんどもっていなかったアメリカが、イギリスから渡ってきた会計士たちからその手法を学んだというところにも表れている。当初のアメリカで適用された会計や監査の方法が、イギリスのそれに倣ったものであったのは当然のことであった。

ジェントルマン理念

イギリスにおける産業構造の転換にはもうひとつの背景がある。産業革命期の原動力となったのはピューリタニズムの系統に属する人々であったが、彼らはしだいに社会の主流から離れ、それに代わって社会の中心になり始めたのがアングリカニズムの人々である。この二つの大きな系統のうち後者は国教徒であり、端的にいえば下層の労働者に対して上層を形成した人々である。これら上層の人々を覆ったのが「ジェントルマン理念」であり、しだいに庶民にもそうした考え方が広がったという[9]。そこから出てきた考え方は何か。つまり、「黒い煙を吐き出す工場の経営は紳士の職業とはみなされない」という考え方なのである[10]。マルクスとエンゲルスが描いた階級闘争はまさにこの時期のイギリスである。

この「ジェントルマン理念」が、金融業や地主を生み出すのを後押しするひとつの要因になったのであるが、事実、一九世紀には、有価証券の発行引受会社としてのマーチャント・バンク、投資信託、預金銀行等が世界の金融センターとしてのシティを形成していった。ともあれ、イギリスが脱工業化と金融センター化の道を選んだのは、諸外国の工業化による市場での敗退によってそうせざるをえなかったのか、世界の資金需要がそうさせたのか、それとも、上層すなわち上流といわれる人々の階級社会化への意図と〝ジェントルマン化〟への願望なのか、要因は複雑である。しかし、こうした産業構造の転換は先進国における宿命でもあり、むしろ、イギリスのとった方向性には先進性があったと評価されることもある[11]。

イギリスの影響力

歴史を振り返ってみると、現在のいくつもの国にまたがるような広大な領地を版図とした古代国家があり、中世以降、神聖ローマ帝国のような体制も存在した。また、古代以来洋の東西を問わず、精神文化、芸術、土木、建築、航海術などの分野で大きな足跡を残した国々があった。他方、イギリスは、文字通りグローバルな規模の広がりをもつ植民地を、原材料の供給地、製品の販路として産業構造のなかに組み込み、とりわけ金融制度を形成するなかで大きな力を発揮したといってよい。そうした制度形成についての影響力は、かつて統治した多くの国だけではなくアメリカでも発揮された。イギリスでは金融制度の支援ツールとなる会計情報に人々の関心が集まるのは当然であった。しかも、それをめぐる制度形成を関連諸外国ばかりかグローバルな次元にまで広げ、そこでの強力な影響力を行使しようとするところにイギリスの特徴があった。

かつて軍事力を背景に領土拡張を指向し、「世界の工場」となり、その地位を明け渡すや、次は「世界の銀行」、さらには「世界の金融センター」と、イギリスは国際的なステージで常に大きな存在感を示してきた。さらに進んで、いまや、金融制度のファンダメンタルズのひとつとしての会計基準の国際的統合によって、新たな次元におけるヘゲモニーの獲得を指向していると見ることができる。

イギリスの拡大EC加盟

ヨーロッパにおけるリージョナル・ガバナンスの枠組みのなかで、イギリスはまず第四号指令へ自国型会計思考を〝押し込む〟ことに成功してその存在感を示したが、もともと拡大ECへのイギリスの加盟にはさらに前史がある。

ＥＥＣが構想されたおりにイギリスはより大規模な自由貿易地域の発足を提案し、それが受け入れられないとなるや、一九六〇年、自らが中心となってスイス、オーストリア、スウェーデン、デンマーク等のＥＥＣ非加盟国で構成するヨーロッパ自由貿易連合（European Free Trade Association：EFTA）を立ち上げた。しかし、通商・貿易規模においてはＥＥＣの方が大きく、その成功が証明されるに及んで、イギリスはＥＥＣへの加盟を望むようになったのである。実際、早くも一九六一年には共同体加盟を申請している。ヨーロッパの一体化を強く望むいくつかの国はイギリスの加盟を歓迎したが、しかし、国家主権を維持しそれを決して侵さない「国家連合体としてのヨーロッパ」を構想していたフランスのド・ゴールの強硬な反対によってイギリスの加盟は実現しなかった。これはフランス国民の意思でもあり、そもそもイギリスは、アメリカ合衆国がヨーロッパ大陸諸国に送り込む〝トロイの木馬〟であるとの疑念すら持たれたのであった。当時、アメリカ大統領のケネディはその一九六二年の構想のなかで、アメリカ合衆国とイギリスを含む〝ヨーロッパ合衆国〟との二つの合衆国が、将来、大西洋パートナーシップを形成すべきであると述べたが、ド・ゴールはこのケネディの構想をあっさり否定すると同時に、イギリスの一九六七年における二度目の加盟申請も拒絶してしまった。さらに、三度目の加盟申請が一九六九年に提出され、さまざまな曲折があったものの、ようやく一九七三年に至ってイギリスの加盟が承認されることとなったのである。これは最初の加盟申請から一二年が経過し、一九七〇年のド・ゴールの死後三年近く経ってからのことである。なお、イギリスは拡大ＥＣへの加盟に伴って、当然のことながら、自らが立ち上げたＥＦＴＡを脱退している。

イギリスの「お金返して」キャンペーン

イギリスの強硬な主張はＥＣ加盟後も絶えることはなかった。このキャンペーンは一九七九年首相に就任したサッチャーが当時のＥＣに向けて始めたものである。その頃、ＥＣ予算の約八〇パーセントが共通農業政策に充てられていたが、イギリスには大陸諸国のような農業人口がなく、その分担では不利な状況に置かれていたという。そこで展開されたのが「お金返して（We want our money back）」キャンペーンで、サッチャーはこの予算問題についての理解をドイツ等の首相に求め、あらゆる機会を利用して主張し続けた。ＥＣの閣僚理事会でもイギリスにかなり配慮した妥協案が提示されたが、サッチャーはそれを拒絶している。しかし、こうした主張は功を奏し、その後、イギリスに対し多額の払い戻しと恒久的な解決への誓約が行われたという[12]。結局、これは恒久的解決というところまではいかず、やがてはイギリス抜きのヨーロッパ統合が公然と語られるようになったといわれる。

こうした事実からもわかるように、イギリスの行動パターンは、ECないしEU内部におけるイギリスの問題というよりは、イギリスとそれ以外の加盟国からなるECないしEUとの利害対立という状況につながっているのである。

イギリスの独自路線

イギリスの考え方は個性的である。こうした個性はEUのなかでもさまざまな局面で発揮される。例えば、通貨はユーロではなく独自のポンドを維持し、EU域内での人の移動の自由を認めるシェンゲン条約にも参加せずパスポート審査を残すなど、結局は〝半加盟〟であるという印象がぬぐえないともいわれてきた[13]。さらに二〇一五年五月の総選挙で保守党が予想以上の勝利を収めるに及んで、イギリスのEU離脱を主張する声が高まった。遂には、それを問う国民投票が行われることとなり、二〇一六年六月二三日、実施されたことはなお記憶に新しい。その結果は国際的に見ても、強烈な印象を残すこととなった。一九七五年に行われた当時ECからの離脱を問う国民投票以来二度目である。

一九六〇年代に当時のEECへの加盟を切望し、ド・ゴールの強硬な反対に遭いながら、ようやく三度目の申請で加盟を果たしたイギリスであるが、五〇年という時間はこれほどにも世論を大きく変化させてしまった。イギリスの世論は〝半加盟〟どころか〝反加盟〟の流れになりつつあるとさえいわれた[14]。これは、二〇一一年に発生したギリシア財政支援問題に関連して、当初EUの基本条約の改正として構想された財政規律の枠組みへの参加を拒絶したところにも現れている。その枠組みでは、財政規律を厳格に維持させるため、予算編成段階でEUの監視システムを機能させるというものであるが、キャメロン首相は予算に対する外部からの干渉は主権侵害であるとの立場をとり、国民からも大きな支持を得たのであった。つまり、イギリスはEUの一員であるとはいうものの、いわば〝イギリス版モンロー主義〟の立場に立っているとしかいえない状況を作り出してきた。他方、EU側はイギリスの離脱回避へ必死になってきた。人口の約一割、GDPの約二割を占めるイギリスが離脱すれば、第二次世界大戦の終焉以降進められてきたヨーロッパ統合の歯車は逆回転することとなる。イギリスの離脱問題は、Britain（イギリス）とExit（離脱）とを組み合わせて「Brexit（ブリクジット）問題」とも呼ばれ、イギリス国内でも国を二分するほどの大議論を巻き起こすこととなった。

変わらぬ〝イギリス的思考〟

国民投票によるEU離脱というよもやの結果は世界中を驚かせたが、最も驚き戸惑ったのは当のイギリス国民だった。というのは、投票前、離脱をめぐる賛否が拮抗していたものの、最終的にはEU残留の結果になるであろうと大方の人々が信じていたからである。また、イギリス議会の下院では与野党合わせて七割以上の議員が残留を支持していたともいわれる。そうした情勢のなかで、国民投票の結果については誰もが高を括っていたのであった。離脱の結果が出た今となって、イギリス国民は、Regret（後悔）とExit（離脱）とを組み合わせて「Regrexit（レグレジット）」と呼ばれる頭の痛い問題を抱えることになったが、なかには投票やり直しを主張する声さえあるという。

しかしながら、投票実施後、イギリスはEUに対し公式には離脱の意思表示をしておらず、国民投票による結果を受けて辞職したキャメロンの後、七月に首相に就任したメイは、一〇月になってようやく、「離脱通知」を二〇一七年三月末までにEU側に行うことを党大会で表明した[15]。これに対して、イギリス経済界は「早い離脱より正しい離脱」をと首相に注文をつけている[16]。首相は、離脱交渉の手の内は明かさないとして具体的な方針は明らかにしていないが、これまで通り「人の移動の自由」を保障するシェンゲン条約への不参加、EU司法裁判所の管轄からの離脱、および、EU単一市場への参加継続を求める構えだという。結局、「形式離脱・実質残留」を何とか実現させたいというのがイギリス国民および政財界の大方の本音で、新首相には就任早々きわめて困難な課題がのしかかってきているということになる。しかも、一一月、離脱交渉には議会の事前承認が必要であるとの判決を高等法院が出したことによって、交渉の先行きがいっそう不透明になってきたという[17]。

他方、イギリスに対するEU側の態度は冷ややかであるといわれる。離脱交渉の帰趨については予断を許さないが、ドイツのメルケル首相は、「いいとこどりは許さない」と繰り返し発言しているとの報道もある[18]。また、離脱後のイギリス経済状況によっては、何年間かの後、EU再加盟の申請が行われる可能性も十分に考えられるが、故ド・ゴールならずとも、承認のハードルはきわめて高い。

〝ドイツ帝国〟への懸念

イギリスの国家戦略の強さに対する警戒感もさることながら、ドイツについてもそれを見る国際社会の目は決して穏やかなものではない。

一九八九年一一月におけるベルリンの壁崩壊を目にして、「われわれは今世界一幸せな国民だ」とコール首相（当時）がベルリンの旧帝国議会議事堂（現連邦議会議事堂）の前に集まった大群衆に向かって演説し、翌年一〇月三日の東西ドイツ統一は、ドイツ史上でもおそらくはそう何回もないというほどの高揚感をドイツにもたらした。いまドイツ再統一から二五年余が経過し、アメリカの国力の低下、中国の台頭、東進する西側ヨーロッパとロシアのせめぎ合い、そしてイスラム圏における不穏、さらに、EUにおける財政不安等のなかでドイツの政治力と経済力はますます大きなものになってきている。EU全体がそうしたドイツの力に頼らざるを得ない現実がある一方、長い歴史のなかで戦乱によっていくたびかの壊滅的な状況を経験しながら、そのたびに〝不死鳥のように蘇るドイツ〟への国際社会の危惧は小さくない。いまや、ドイツは、ギリシアの財政支援の枠組みづくりやEUにおける財政規律協定の締結に関するその主導的役割を通じて、EUを掌握する政治力も手に入れたといわれる。そうしたドイツの力と行動に対しては〝ヨーロッパのドイツ化計画〟であるともいわれることがある[19]。二〇一五年七月、厳格な財政ルールの遵守を強調するドイツをユーロ圏の国々が取りなすことによって、瀬戸際まで追い詰められたギリシアのユーロ脱退をかろうじて食い止めたという事態が生じたが、このことはドイツ台頭についての懸念をより明確なかたちで浮き彫りにした。

強いドイツに対する諸外国の対応

そうしたドイツを「ヨーロッパ大陸を牛耳る」存在として警鐘を鳴らすと同時に、それに隷属したのがフランスであると、ややもすると自虐的ともとれる感想を漏らすフランスの論者もある[20]。あるいは、イギリスの識者によれば、いまやEUの方針を決めているのはドイツの指導者で、アメリカのオバマ前大統領ですら、当時、ヨーロッパのできごとについての相談はまずドイツのメルケル首相に話さざるを得なかったという[21]。新聞記事にもさまざまな場面で、「ドイツ一人勝ち」、「国粋主義の兆し、懸念」、「ドイツ一強」、「ドイツ圧勝に漂う不穏」、「欧州の盟主」、「ドイツ語圏の形成」、「ドイツ問題」などという見出しが頻繁に見られるようになってきた。いま、EUの連邦主義をめぐる最大の懸念は、加盟国が自らの国家主権を喪失するのではないかということであり[22]、結局はそれをドイツに委ねてしまうことになりはしないかというものである。そうしたドイツの姿勢に対峙する急先鋒がイギリスということになる。いまや、国家の威信を最も重視するそのフランス自身が〝国家の主権を譲り渡す正当性〟の論理を受け入れるかどうかが大きな関心事のひとつとさえいわれている。ドイツに対するEU加盟国の評価には総じて厳しいものがあり、結局、「ドイツは先導するが愛されない国」ともいわれる[23]。さらに、イギリスの別の歴史家は、トーマス・マンがかつて「ドイツによるヨーロッパ」ではなく、「ヨーロッパによるドイツ」を目指すようにと説いたにもかかわらず、実際には「ドイツによるヨーロッパの中にヨーロッパによるドイツ」が存在するという歪んだ現実となっていると厳しく指摘している[24]。他方、ドイツ国民から見れば、とりわけ第二次世界大戦終結以降、国際社会で何もいわずに控えめにしているのはもうこれで終わりにしたい、これ以上忍耐を強いられるのはもう結構、との思いもあるという。ドイツ政府はもちろんこうした国内世論と国際世論を十分に承知していて、難しい舵取りを迫られている。

不都合なグローバリゼーション

おりしも、マスコミではアメリカ大統領選挙における驚きの結果をめぐってさまざまな意見が交錯している。ほんの数か月前、イギリスの国民投票によるＥＵ離脱決定が世界を驚かせたばかりであった。今回の大統領選の結果は、「内向き」、「保護主義」、「ナショナリズム」、「反グローバリズム」などの表現に代表されるように、多くの人たちが持つ国家観や世界観を変える可能性すらもつともいわれる。しかし、過去を振り返ってみると、〝グローバリゼーション〟はそのあるべき理念とは裏腹に、時として一部の国による「国際的ヘゲモニーの掌握」が真の姿でもあった。「パクス・ロマーナ」、「パクス・ブリタニカ」あるいは「パクス・アメリカーナ」ということばがそれらを端的に表している。イギリスのＥＵ離脱にしろ、アメリカ大統領選にしろ、実は、〝自分たちのグローバリゼーション〟を押し進めてきた国々の、〝自分たちにとって不都合なグローバリゼーション〟に対する反応であり、これまで理性によって抑制されてきた本音や不満が、はしなくも露呈されてしまったということではなかったか。

われわれが関心をもつ公会計でも、その基準のグローバリゼーションが課題のひとつになりつつあるが、その本質は何か、何を意味するのか、なぜそれが必要なのか、必要だとすればどの程度のそれが望ましいのか、まだまだその議論は足りない。〝力づくのグローバリゼーション〟や〝力づくの排他主義〟は、どこかで〝力づくの抵抗〟や無用の軋轢を生み出しかねない。

国際的なヘゲモニー争いのなかの会計基準

これまで述べてきたように、企業会計基準の国際的な統合は、企業の取引あるいは資本移動の〝グローバリゼーション〟という文脈のなかで議論が進んできたのであるが、公会計基準も同様の文脈のなかで議論できるのであろうか。公会計基準と企業会計基準との本質的な異同に関する議論は必ずしも十分ではない。

基準の国際的な統合の議論では、しばしばいくつかの国が大きな影響力を発揮し、時としてそれらの国々の間で問題解決のための難しい調整が行われる。つまるところ、会計基準は国際的なヘゲモニー争いの渦のなかに投げ込まれてしまうこととなる。公会計の場合、その主体であるパブリック・セクターにとっての〝グローバリゼーション〟とは何を意味するのか、公会計基準の国際的統合はなぜ必要であり、どのような目的をもっているのか、こうした最も基本的な考え方についての共通認識は、まだ十分に形成されているとはいえない。

「公正」概念のありよう

「fair（公正）」の概念が用いられることがよくある。会計の領域では「true and fair view（真実かつ公正な概観）」が、イギリスにおける基本的な考え方としてよく知られている。「fair」という概念が歴史的にどのような意味をもって、どのように用いられてきたのかを論究することはここでは到底不可能であるが、次のような見方もある。例えば、「フェア・プレイ」については、「自己正当化を含んだイデオロギーに過ぎない、あるいは過ぎなかった」ともいわれ、また、「フェアな競争」とは「不平等になるための平等なチャンス」というきわめて辛辣な解釈もある[25]。「フェア・プレイとは強い者が順当に勝つことを保障する掟なのだ」、とする考えもありがちなのだが、さすがにこれには厳しい批判を向ける見解がある。同時に、「公正」を何か「非競争的で完全に平和な状態」のように見做すのは幻想であると警鐘を鳴らす論者もある[26]。

結局、「公正」というのはあくまでも相対概念であり、時には強者の論理として利用されることもあることばとして、一筋縄では括れないものであることがわかる。つまり、この概念を都合よく利用する考え方にも、逆に、このことばの持つイメージから過度に期待することにも注意をしなければならないということなのである。「公正」は「自尊と他尊の両要素を含んで成り立つ概念」[27]であってもらいたい。

注

1　玉木俊明著『ヨーロッパ覇権史』〈ちくま新書〉平成二七年。
2　秋田茂著『イギリス帝国の歴史—アジアから考える』〈中公新書〉平成二六年〈初版平成二四年〉。
3　大和正典著『ヨーロッパ経済の興隆と衰退』、文眞堂　平成一一年参照。

4 安部悦生稿「第一章　イギリス」、原輝史・工藤章編『現代ヨーロッパ経済史』、有斐閣　平成八年所収。（安部稿「第一章　イギリス」、財務省「経済の発展・衰退・再生に関する研究会報告書」〈平成一三年六月〉所収も参照）。
5 大和前掲書参照。
6 千代田邦夫著『アメリカ監査制度発達史』、中央経済社　昭和五九年参照。
7 大矢知浩司著『会計監査―アメリカにおける生成と発展』、中央経済社　昭和四九年〈初版昭和四六年〉。
8 千代田前掲書参照。
9 安部前掲稿参照。
10 安部前掲稿参照。
11 安部前掲稿、財務省報告書所収参照。
12 遠藤乾著『統合の終焉―EUの実像と論理』、岩波書店　平成二五年参照。
13 朝日新聞、平成二七年五月一〇日。
14 朝日新聞、平成二七年五月一〇日。
15 朝日新聞、平成二八年一〇月三日。
16 朝日新聞、平成二八年一〇月四日。
17 朝日新聞、平成二八年一一月五日。
18 朝日新聞、平成二八年一〇月三日。
19 朝日新聞、二〇一一年一二月七日。
20 エマニュエル・トッド／堀茂樹訳『「ドイツ帝国」が世界を破滅させる―日本人への警告―』〈文春新書〉平成二七年。
21 アンソニー・ギデンズ著／脇阪紀行訳『揺れる大欧州―未来への変革の時』、岩波書店　平成二七年。
22 ギデンズ前掲書参照。
23 ギデンズ前掲書参照。
24 ウルリッヒ・ベック著／島村賢一訳『ユーロ消滅？―ドイツ化するヨーロッパへの警告』、岩波書店　平成二五年参照。
25 川北晃司稿「公正の条件―合成としての公正―」（『イギリス哲学』第一九号〈平成八年四月〉）参照。
26 川北前掲稿参照。

27　川北前掲稿参照。

第一〇章　公会計情報は役立っているか　―アンケート調査―

これまで公会計の歴史や現状を考察し、制度改革をめぐる国内外のさまざまな利害対立を見てきた。こうした状況を念頭に置きながら、改めてわれわれの目を足元の公会計問題に転じてみよう。

何よりも重要なのは、一〇年以上にわたって進められてきた新しい公会計による情報が、本当に役立てられているかどうかということである。自治体のさまざまな部署で公会計に関わりをもつ職員の〝本音〟はどのようなものか。本章では筆者の実施したアンケート調査を中心に、あわせて他の調査結果も読み解きながら、自治体の現場の実相を浮き彫りにする。

制度改革の現状を知る

この十数年間における公会計制度の改革（制度改革論第四期）を改めて振り返ってみると、時には政治的思惑も巻き込みながら、さまざまな制度モデルの鼎立状況が生まれてきた。独自モデルを公表し、自ら適用してきた東京都は大阪府や愛知県などとも連携し、その基準の普及のために「新公会計制度普及促進連絡会議」（以下、「連絡会議」という）を組織してきた。そうした経緯についてはすでに第五章で紹介し、ここで改めて繰り返すまでもないであろう。公会計の新しいモデルをめぐる複雑な状況のなかで、平成二六年、総務省は「統一基準」（平成二六年四月）を公表し、平成二九年度までにすべての自治体でそれに準拠して財務書類を作成することを要請したというわけである。

この基準の公表から約一年余が経過した時点で、各自治体がどのような対応をしているのか、今後どのような方針をとる予定なのか、また、これまでの公会計改革によって行財政運営がどのように変わったのかについて、筆者の観点からアンケート調査を実施した。ここではその結果を中心に、さらに他のアンケート調査の結果も参考にしながら制度改革の進展を考えてみたい。

財務書類作成に用いるモデル

アンケートについて言及する前に、まず、全国における公会計モデル適用の状況について概観しておこう。前述のように、「基準モデル」または「総務省方式改訂モデル」を適用して、遅くとも五年後の平成二三年までに財務書類を作成するのを総務省が各自治体に求めたのは平成一八年のことであった。その結果、総務省の調査によれば、近年の地方自治体における財務書類の作成の状況は次のように推移してきている[1]。

平成二三年度（一七八九団体・平成二五年三月三一日調査）
　作成済み団体　九五・六％
うち、「総務省方式改訂モデル」　八二・八％
　「基準モデル」　一四・八％
平成二四年度（一七八九団体・平成二六年三月三一日調査）
　作成済み団体　九六・八％
うち、「総務省方式改訂モデル」　八二・〇％
　「基準モデル」　一五・八％
平成二五年度（一七八八団体・平成二七年三月三一日調査）
　作成済み団体　九三・七％
うち、「総務省方式改訂モデル」　七六・二％
　「基準モデル」　一五・二％

このように、財務書類の作成率そのものはきわめて高い状況となっており、作成未着手の自治体は、平成二三年度で七八団体、平成二四年度で五八団体、平成二五年度で一一三団体となっている。作成率はまだ一〇〇パーセントには至っていないものの、ストック計算書およびフロー計算書という意味における財務書類を、全国の自治体が全く作成してこなかった状況からすれば大きな前進である。

参考までに、日本会計研究学会・特別委員会「新しい地方公会計の理論、制度、および活用実践」（期間二年間、最終報告　平成二八年九月一二日）の調査結果を掲げておこう。それによれば、平成二六年度決算における財務書類作成への適用モデルの状況は次のようになっている。

作成済み団体（八七五団体）　七九・三％

うち、

基準モデル　一四・一％

総務省方式改訂モデル　六二・一％

東京都会計基準等およびその他　三・二％

（調査送付数は一七八八団体、有効回答数は一一〇三団体）

制度改革の進展に関する調査

筆者が実施した調査は、「公会計制度の改革に関する調査」として、全国の地方自治体八五九団体（四七都道府県、二〇政令市、それ以外の七六九市、および、二三区）に質問紙を郵送し、返送を依頼するという方法で実施したものである（平成二七年四月一七日郵送）。質問の内容は「第一部　実態調査」および「第二部　意識調査」に分け、いずれも財政課または公会計担当課等の課長または相当職の職員に限定して回答を求めた。なお、本調査では、町村の場合には公会計制度改革への取り組みに個々の差異が大きいこと、および、「都道府県」、「政令市」および「市区」のみによって公会計制度の改革に関する概況は十分に把握可能と判断したことから、「町村」は質問紙送付の対象とはしなかった。
さて、「第一部　実態調査」および「第二部　意識調査」の質問項目は次の通りである。

第一部　実態調査

質問1　財務書類作成のために現在適用しているモデルは何ですか。
①総務省方式改訂モデル　②同基準モデル　③総務省「統一基準」（平成二六年四月公表）　④東京都会計基準または類似のモデル　⑤その他

質問2　現在、総務省「統一基準」の適用をしていない場合今後のその適用予定についてお答え下さい。
①一年以内　②二年以内　③三年以内　④予定なし

質問3　固定資産台帳の整備についてお答え下さい。
①整備済み　②準備中　③整備の予定なし

質問4　これまでの公会計改革における新しい情報を用いた分析とその活用をしていますか。
①分析・活用している、特定の活用法を用いている（その具体的内容をメールの添付ファイルで、または関連する貴URL等をお教え下さい）
②分析・活用していない、その方法がわからない

第二部　意識調査

質問1　これまでの公会計改革は行財政運営の改善に役立ってきたと思いますか。

①思う　②思わない　③わからない

質問2　総務省「統一基準」等の適用によって、今後、行政の3E（経済性・効率性・効果性）の改善、その他評価やマネジメントに役立つと期待できそうですか。

①期待できる　②あまり期待できない　③わからない

質問3　予算編成に減価償却費、引当金繰入額等の発生主義概念による情報は必要だと思いますか。

①必要　②不要　③わからない

【注】本調査とほぼ同時期に、総務省によっても、例年の「地方公共団体における平成二五年度決算に係る財務書類の作成状況等」の調査に加えて、本調査における実態調査の一部と同趣旨の調査が実施された（調査日：平成二七年三月三一日）。この調査結果は平成二七年七月七日に発表されているが[2]、筆者による調査が総務省の調査とは関係なく実施されたものであることはいうまでもない。

調査の集計結果（概要）

この調査の回収状況は図表10−1の通りである。

公会計モデル選択の現状と展望

まず、質問1に対する回答結果は図表10−2の通りであるが、何よりもここで特徴的なのは、「総務省方式改訂モデル」を適用している自治体が全体としては八一・三%と高い割合になっていることである。このことは、複式簿記を適用せず、決算統計等の数値から財務書類を作成できるこのモデルがデファクト・スタンダードとして定着してきたことを示すものであるが、このような広がりを見せるようになったのは、公益財団法人・日本生産性本部、第四回「新地方公会計制度導入に関するアンケート調査」（平成二二年八月‐九月）によれば、平成二〇年度からその翌年度頃のことである[3]。平成一八年における総務省からの要請によって財務書類の作成準備を開始した

図表 10-1　送付・回収状況

	都道府県	政令市	その他の市	区	全　体
送付団体数	47	20	769	23	859
回収団体数	34	13	592	17	656
回収率（%）	72.3	65.0	77.0	73.9	76.4

図表 10-2　現行の適用モデル

団体数（%）

	都道府県	政令市	その他の市	区	全　体
基準モデル	4（11.8）	5（38.5）	90（15.2）	3（17.6）	102（15.5）
総務省方式改訂モデル	27（79.4）	8（61.5）	484（81.8）	14（82.4）	533（81.3）
東京都会計基準等	2（5.9）	0（0.0）	2（0.3）	0（0.0）	4（0.6）
統一基準	0（0.0）	0（0.0）	2（0.3）	0（0.0）	2（0.3）
その他（無回答を含む）	1（2.9）	0（0.0）	14（2.4） 内無回答 5	0（0.0）	15（2.3） 内無回答 5
合　計	34（100.0）	13（100.0）	592（100.0）	17（100.0）	656（100.0）

とすれば、複式簿記を適用せず決算統計データを用いたとしても、多くの自治体が作成しほぼ定着するのにこの程度の期間を要したのは当然であると思われる。

調査結果からも明らかなように、特徴的なのは、「総務省方式改訂モデル」を採用する自治体が圧倒的に多いことであり、同時に、「東京都会計基準」やその類似モデルの採用率がほとんど増加していないことである。回答数六五六団体のうち「東京都会計基準等」を採用しているという自治体は、回答のあった限りでは東京都と愛知県の他二市のみであり、全体から見ればわずか四団体（〇・六％）である。この時点で「連絡会議」には東京都を中心として大阪府、愛知県および新潟県以外にも六市二区が参加しているが、仮にこれらをすべて含めたとしても一二団体で調査対象の八五九団体のなかでは一・四％を占めるにとどまる。このことは、総務省の平成一八年モデルおよび新たな「統一基準」になお解決されなければならない問題点があるとしても[4]、ほとんどの自治体がその直接の所管機関である総務省の方針に従うことを表しており、今後も「東京都会計基準」等の導入が大幅に増えることはあまり期待できないことを意味している。つまり、全国の自治体における適用モデル選択の傾向は、「統一基準」以前の段階で見てもほぼ明確となってきているのである。

「統一基準」への自治体の対応

総務省は、「統一基準」の公表にさいして、「原則として平成二七年度から平成二九年度までの三年間で全ての地方公共団体において統一的な基準による財務書類を作成するよう要請する予定」であることを表明している。

この状況を踏まえ、今回の調査では、質問2でこれから「統一基準」を適用しようとする自治体がどの程度の年数をかける予定なのかを尋ねた。その回答が図表10－3である。

興味深いのは、各種の自治体で「予定なし」や無回答があったことである。このことの意味については、「統一基準」を導入する意思がないか、あるとしてもかなり先のことか、あるいは、どうしてよいのかわからないかのいずれかの解釈が成り立つ。なお、すでに「統一基準」を適用している団体が二市あり、この設問については無回答となる。この質問に対する回答で最も多いのは「三年以内」に「統一基準」に移行するというものであるが、これは総務省がその基準への移行を想定している最長の期間である。ともあれ、全体的にみれば、無回答と「予定なし」を除く九五・二％の自治体が遅くとも三年以内には「統一基準」を適用することを予定していることとなる。注目の東京都からは「二九年度決算から作成できるよう検討中」との回答がなされたが、これは、一貫して独自の基準を適用してきた東京都も「統一基準」の導入を示唆するものであり、後述するように意味深長である。また、選択肢として用意した「三年以内」を選択せず、

図表 10-3 「統一基準」導入予定

団体数（%）

	都道府県	政令市	その他の市	区	全　体
1年以内	1（　2.9）	0（　0.0）	18（　3.0）	0（　0.0）	19（　2.9）
2年以内	4（ 11.8）	4（ 30.8）	161（ 27.2）	3（ 17.6）	172（ 26.2）
3年以内	26（ 76.5）	8（ 61.5）	388（ 65.6）	12（ 70.6）	434（ 66.1）
予定なし（無回答を含む）	3（　8.8）内無回答2	1（　7.7）	25（　4.2）内無回答16	2（ 11.8）内無回答1	31（　4.8）内無回答19
合　計	34（100.0）	13（100.0）	592（100.0）	17（100.0）	656（100.0）

（注）「1年以内」：平成27年度中、「2年以内」：平成28年度中、「3年以内」：平成29年度中

わざわざ別記したところにも関心がもたれるものであった。なお、愛知県はこれについては未記入（無回答）、大阪府はアンケート調査への回答そのものが得られなかった。

「統一基準」導入予定に関する総務省調査

すでに前述したように、総務省でも「統一基準」による財務書類の「作成完了予定年度」を調査している[4]。それによれば、都道府県（四七団体）では、

「平成二九年度まで」　四〇団体　（八五・一％）
（注：筆者による調査の「一年以内」、「二年以内」、「三年以内」のすべて）
「平成三〇年度以降」　七団体　（一四・九％）
（注：筆者による調査の「予定なし」）
「作成予定なし」　なし　（〇・〇％）

となっている。つまり、東京都、大阪府、愛知県等を含め、すべての自治体が「統一基準」を導入するということであり、大きな変化が起きつつあることを意味すると同時に、筆者の調査の結果と微妙な差異を表すものでもある。

「統一基準」導入予定に関する学会調査

「統一基準」の導入予定については誰もが関心をもつところであり、先に触れた日本会計研究学会・特

別委員会でも平成二八年に関連調査を行っている。同特別委員会調査における質問は、「貴団体では、平成二九年度以降どのモデルに基づいて財務書類を作成する予定ですか。以下の選択肢の中から、最もよくあてはまるものを一つ選び、番号に○印をつけてください。」というものである。いま、回答内訳のなかから「都道府県」のみを取り出すと、次のような結果が報告されている。

「統一基準」　三四団体　（九一・五％）
「東京都会計基準またはその準用」　なし　（〇・〇％）
「前記以外のモデル」　なし　（〇・〇％）
「統一基準とその他のモデルの併用」　二団体　（五・四％）
「作成しない」　なし　（〇・〇％）
「未定」　一団体　（二・七％）

この結果からわかることは、東京都を含め「東京都会計基準」（それに類するものも含む）のみを適用する団体はないが、それらと「統一基準」との両方のモデルによって財務書類を作成しようとする自治体が少なくとも二団体あるということになる。また、都道府県レベルでも「未定」が一団体あるという事実はやや意外であり、平成二七年春の総務省調査では、実施年度の差はあるものの、都道府県すべての団体が「統一基準」によって財務書類を作成することになっていたとの発表とはくい違いがある。

総務省と東京都等との間

これに関する筆者の追加調査によれば、東京都は自らの会計基準による財務諸表の作成を基本とするが、全国比較という観点から、平成二九年度決算より「統一基準」による財務書類も並行的に作成するという方針をもっていることが明らかとなった。また、大阪府でも愛知県でもほぼ同様に「統一基準」に準拠した財務書類を作成するが、それは全国比較のための統計資料としてのものであるとする。総務省の調査の外観のみを見れば、〝東京都等も平成二九年度までに全面移行〟と解釈できそうである。しかし、実は、すでに第五章で言及した通り、総務省の「今後の新地方公会計の推進に関する研究会」に東京都も大阪府も第一回よりオブザーバーとして参加しており、そこで〝財務書類の並行作成〟についての合意形成が次第に醸成されてきたということなのであろう。

こうした形式上の統一の一方では、東京都等は「統一基準」を導入するとの公式発表を行うことなく、〝わがモデルこそ本来あるべき地方公会計〟とする考え方を維持している。また、「連絡会議」における第六回会議（平成二七年七月一〇日開催）要旨がウェブ・サイトで公開されており（平成二七年七月三一日更新）、そこに興味深い内容を見ることができる。それによれば、「統一的な基準についても、現行基準の財務諸表からの組替えにより作成する方向で検討」、「統一的な基準での財務諸表作成について、現状では未決定」、「基準が異なる財務諸表が混在することとなるため、住民や議会向けの説明に苦慮する」、「現行方式の財務諸表をあわせて開示する自治体に配慮したものとなるよう、「連絡会議」として総務省に働きかける必要がある」等参加団体からはさまざまの意見が表明されている。

固定資産台帳の整備状況

価値計算の会計すなわち経済的資源を測定の対象とする会計を実施するために、まず、資産とその評価額の決定をしなければならないことはすでに第五章で述べた。つまり、保有資産の把握のために固定資産台帳の整備が求められるのであるが、これが簡単な問題ではない。このことが新しい公会計制度への移行を困難にしている側面も看過できない。いま、その整備がどのような状況になっているのかを知ろうというのが質問3であり、回答の集計が図表10－4である。

固定資産台帳の整備の難しさ

ここからわかるように、「整備済み」は全体でみると一九・二%で、七八・五%は「準備中」である。このような固定資産台帳の未整備状況は、実は筆者が調査を行った最近のみの状況ではない。ちなみに、先に言及した日本生産性本部による平成二二年の第四回調査では次のようになっていた。

「既に完了」　九・五%
「平成二二年度」　一三・一%

図表 10-4　固定資産台帳の整備状況

団体数（%）

	都道府県	政令市	その他の市	区	全　体
整備済み	7（ 20.6）	7（ 53.8）	103（ 17.4）	9（ 52.9）	126（ 19.2）
準備中	27（ 79.4）	5（ 38.5）	476（ 80.4）	7（ 41.2）	515（ 78.5）
予定なし（無回答を含む）	0（ 0.0）	1（ 7.7）内無回答 1	13（ 2.2）内無回答 8	1（ 5.9）	15（ 2.3）内無回答 9
合　計	34（100.0）	13（100.0）	592（100.0）	17（100.0）	656（100.0）

「平成二三年度」　一二・一％
「平成二四年度」　五・〇％
「平成二五年度」　二・八％
「平成二六年度」　〇・八％
「未定」　五五・六％

この予定が順調に推移していれば、現在までに単純合計で四〇％以上の地方自治体が固定資産台帳の整備をすでに完了していることになる。しかし、筆者による平成二七年調査の結果によれば、「整備済み」と回答した地方自治体は先に述べたように一九・二％となっており、固定資産台帳の整備がいかに困難を伴うものであるかを示すものとなっている。しかし、その後、日本会計研究学会・特別委員会の平成二八年調査によれば、一年余の間に固定資産台帳の整備は急速に進んだことがわかる。これは、「統一基準」公表にさいして、総務省からなされた強い要請によるものと思われる。つまり、平成二九年度までに新しい基準を導入するとすれば、固定資産台帳は遅くとも平成二八年度中には整備しなければならず、地方自治体としてもようやく重い腰を上げざるを得ないところまできたことを意味するものであろう。

「既に完了している」　三六・四％
「平成二八年度に完了する予定」　五九・一％
「平成二九年度に完了する予定」　三・一％
「平成三〇年度以降に完成する予定」　〇・二％

「未定」　〇・五％

とはいえ、この段階で完了している自治体はなお三分の一強でしかない。

固定資産台帳の整備が進まない原因

それでは整備が容易に進まない原因は何であったのか。日本生産性本部の同調査によれば、複数回答で次のような結果が報告されている[5]。

「過去の資料が足りない」　六〇・一％
「整備に必要な予算が足りない」　三〇・二％
「整備に必要な職員が足りない」　五〇・七％
「整備すると財産に関する調書と一致しない」　二九・二％
「必要性が理解できない」　三・二％

となっている。つまるところ、資料不足と人手不足が大きな要因であったことがわかる。

この調査の後、少なくとも平成二七年四月の時点では、整備状況は自治体によってかなりの差異があるものの、「整備済み」は一九・二％すなわち一二六団体となっており、見方を変えればこれだけの地方自治体が、「統一基準」および「資産評価及び固定資産台帳整備の手引き」以前に、すでに固定資産の把握をし、何らかの基準を用いて資産評価を終了していたということである。興味深いことに、「基準モデル」に準拠し、公正価値によって資産評価を実施した自治体のなかには、評価基準に弾力性を持たせた「統一基準」

は〝後退〟と捉えている例もあった。もちろん資産評価に関するこれまでの実績は無効となることなく引き継がれるが、自治体にさまざまな思いがあることは紛れもない事実である。いずれにしても、固定資産台帳の整備は、今後、比較的短期間のうちに急速に進み、公会計改革のための大きな条件のひとつがまた整うこととなる。

公会計情報の分析と活用

「統一基準」が公表される前の段階にあっても、さまざまな公会計モデルの適用によって実質的に制度改革が進められてすでに長い年月が経過している。もちろん、各モデルに対する考え方の違い、複式簿記を適用するかどうか、財務書類の精粗の差などの違いはあるとしても、多くの地方自治体が発生主義の考え方を意識しながら、ストック計算書とフロー計算書の両方を作成しようとしてきた点についてはかわりがない。その結果、伝統的な制度の枠組みのなかで行われてきた会計とは異なる会計情報が利用できることとなったのであるが、この間、自治体ではそうした会計情報を用いてどのような分析を行い、活用してきたのであろうか。それが質問4であり、その回答状況が図表10－5である。

その回答によれば、新しい会計情報を分析し活用しているのは、全体でみれば

図表 10-5　新しい会計情報による分析と活用

団体数（%）

	都道府県	政令市	その他の市	区	全　体
している	18（ 52.9）	9（ 69.2）	125（ 21.1）	10（ 58.8）	162（ 24.7）
していない（無回答を含む）	16（ 47.1）	4（ 30.8）	467（ 78.9） 内無回答 11	7（ 41.2）	494（ 75.3） 内無回答 11
合　計	34（100.0）	13（100.0）	592（100.0）	17（100.0）	656（100.0）

二四・七％つまり四分の一程度にとどまっている。政令市のみに注目すれば七〇％近くが分析と活用をしているが、都道府県でも東京都の区でも六〇％に届かない。政令市以外の市の場合には分析と活用をしているのは五分の一以下である。

ちなみに、日本会計研究学会・特別委員会の調査でも、「財務書類が企画・財務部門での予算案作成にあたっての参考資料として利用されているか」との質問に対して、「積極的または部分的に利用している」が全体で二四・六％、「特に利用していない」が七三・五％という結果が報告されており、筆者の実施したアンケートの結果とほとんど同じとなっている。とくに注目すべきは、この調査のように公会計情報の利用を「予算案作成」に限定すると、何らかの活用をしていた約七〇％の政令市ですらも二〇％台に下がってしまうことである。つまり、公会計と予算とのリンケージを実現するまでの道のりはまだまだ遠いということになる。

総務省による活用方法の提案

総務省では「地方公会計の整備促進に関するワーキンググループ」を設置し、先進団体の事例も参考にしながら財務書類の活用と公表のあり方を検討している。平成二二年三月、そこでの検討の結果を「地方公共団体における財務書類の活用と公表について」にまとめ、改めて地方公会計整備の意義を整理するとともに、財務書類の活用を各自治体に促している。

そのなかでまず注目されるのが、「住民等のニーズを踏まえた分析」であり、次のような参考指標が示されている。

① 資産形成度：将来世代に残る資産はどれくらいあるのか
（参考指標：資産額、住民一人当たり資産額、有形固定資産の行政目的別割合、歳入額対資産比率、資産老朽化比率）

② 世代間公平性：将来世代と現世代の負担はどれくらいあるのか
（参考指標：純資産比率、社会資本等形成の世代間負担比率〈将来世代負担比率〉）

③ 持続可能性（健全性）：財政に持続可能性があるのか、借金はどれくらいあるのか
（参考指標：負債額、住民一人当たり負債額、基礎的財政収支〈プライマリーバランス〉）

④ 効率性：行政サービスは効率的に提供されているか
（参考指標：住民一人当たり行政コスト、性質別行政コスト、住民一人当たり人件費・物件費、行政目的別行政コスト、行政コスト対公共資産比率）

⑤ 弾力性：資産形成を行う余裕はどれくらいあるか
（参考指標：行政コスト対税収等比率）

⑥ 自律性：歳入はどれくらい税金等でまかなわれているか、受益者負担の水準はどうなっているか
（参考指標：受益者負担の割合）

ホームページでの公開

先に取り上げた愛知県の場合には、公会計を自治体のマネジメントと結びつけて構想しており、まず、前提的に、管理事業の新設、施策体系の見直し、行政評価制度の見直しおよび予算編成過程の見直しを

行ったうえで、財務諸表を用いて指標の算定や経年比較、資産マネジメントの実践等に活用するとしている。今回のアンケート調査からも、ウェブ・サイトでさまざまな財政関連の情報提供を行っている地方自治体が少なくないことがわかるが、内容は単に従来型の決算に過ぎないもの、なんらかのモデルで作成した財務書類とその概要を決算情報とともにホームページに掲載しているだけのものも少なくない。これらの事例からわかることは、総務省によるガイダンスまたは他の自治体の事例に倣って会計情報の分析をしたものの、その分析結果を行政活動にどのように活用するか、あるいは、予算編成にどのように反映させるのか等、行政の現場では利用方法に確信がもてないまま、なお戸惑っているという実態が浮かび上がってくる。

これまでの公会計改革は役に立ったか

多くの地方自治体では、「統一基準」以前でも、すでに「基準モデル」、「総務省方式改訂モデル」、「東京都モデル」等を適用して財務書類が作成されている。しかし、最終目標は、財務書類を作成することでも、単にその分析をすることでもなく、行財政運営の改善に役立てることである。いわゆる平成の大合併の頃から、行政をいかに経済的に、いかに効率的に、さらに、いかに効果的に運営するかがそれまでにもまして強調されるようになった。地方自治法でもその第二条第一四項で、地方自治体の事務処理について「最少の経費で最大の効果」をあげることが求められ、同第一五項では、「組織及び運営の合理化」とともに「規模の適正化」が求められている。こうした要請を受けて自治体では行政評価を含めさまざまな試みを実施してきているが、自治体職員の間には〝行革疲れ〟ともいわれるような雰囲気があることをしばしば耳にしてきた。新しい公会計情報は、政策－施策－事務事業という一連の体系のなかで行財政運営の問題を発見するため、あるいは、より大きな観点で中央と地方の間の財政をめぐる構造的な問題をも発見するための支援ツールとなるものでなければならない。そこで、これまでの公会計制度の実質的な改革がどのように役立ってきたかに関して尋ねたものが「意識調査」の質問1であり、それに対する回答が図表10－6である。

このような〝会計情報の役立ち〟は行政の立場に立った見方であるが、重要なことは、公会計改革によって、「行政は変わったか」という住民からの視点である。こうした変化が確認されてこそ、本当の意味で「公会計改革は役に立った」ということがいえることとなる。

確信をもてない受け身の公会計改革

回答によれば、まず自治体全体では、公会計改革は行財政運営の改善に役立ってきたと「思わない」および「わからない」を合わせると、七五・五％となっている。つまり、現場では四分の三超が役立っていると実感できていないこととなる。この回答を地方自治体の構成別で見ると、「役立ったと思う」が、

図表10-6　新しい会計情報の役立ち

団体数（%）

	都道府県	政令市	その他の市	区	全　体
役立ったと思う	17（50.0）	5（38.5）	128（21.6）	11（64.7）	161（24.5）
役立ったと思わない	3（8.8）	1（7.7）	185（31.3）	3（17.6）	192（29.3）
わからない（無回答を含む）	14（41.2）	7（53.8）	279（47.1）内無回答2	3（17.7）	303（46.2）内無回答2
合　計	34（100.0）	13（100.0）	592（100.0）	17（100.0）	656（100.0）

都道府県では五〇・〇％、東京都の区では六四・七％であるのに対し、政令市となると三八・五％にとどまっている。これらの解釈は簡単ではないが、概していえば、公会計情報は行財政運営に十分な有用性をもつとの確信を抱くことができるほど浸透していないことを意味している。

ところで、日本生産性本部が実施した「第六回　地方自治体における新公会計制度の導入に関するアンケート調査」（平成二五年七月）に、「財務書類の作成について、どのような理由がありますか（複数回答）」という質問がある[6]。都道府県および市区全体の回答によれば、

「財務書類は整備すると効果があるから」　三六・七％、
「現行の決算制度には問題があるから」　六・二％、
「総務事務次官通知及び自治財務局長通知による要請があるから」　六九・七％

となっている。回答を都道府県と市区に分けた割合でもほぼ同様の傾向を見せている。この回答結果からは、自治体にとって公会計の改革はいわば〝上からの改革〟であり、ほぼ七〇％の自治体が受け身の意識のみによって対応している姿が浮かび上がってくる。このことは、同調査における「公会計制度の改革について、どのように考えていますか（一つ回答）」という質問に対する回答からも推測し得る。その回答は都道府県および市区全体で、

「会計制度は現行制度のままでよい」　五〇・〇％

「現行制度にはやはり問題がある」　三四・八％

となっている意味は、裏返せば六五・二％は現行制度には問題がないか、もともと関心がないか、または、わからない、ということになる。

「統一基準」への期待

総務省の「統一基準」公表により、地方自治体は公会計改革について、いよいよ複式簿記適用を伴う最終的なシステム変更を迫られることとなった。「東京都会計基準」等を選択してきた自治体も、すでに述べたように、好むと好まざるとにかかわらず、「統一基準」の適用は避けられない事態となった。こうした状況のなかで、「統一基準」に対して各自治体がどのような評価をしているかを尋ねたのが意識調査における質問2であり、その回答をまとめたものが図表10－7である。

この質問に対する全体の回答は、「期待できる」と「わからない」とがほぼ同じ割合という結果となった。このことは、現在でも制度改革に関する積極派と消極派に二極分解していることを表すものである。他方、「期待できない」とする確信的な回答が一一・四％あったことも注目すべき結果である。回答を

図表 10-7　「統一基準」への期待

団体数（%）

	都道府県	政令市	その他の市	区	全　体
期待できる	16（ 47.1）	6（ 46.2）	256（ 43.2）	13（ 76.5）	291（ 44.4）
期待できない	2（　5.9）	1（　7.7）	71（ 12.0）	1（　5.9）	75（ 11.4）
わからない（無回答を含む）	16（ 47.0） 内無回答 1	6（ 46.1）	265（ 44.8） 内無回答 4	3（ 17.6）	290（ 44.2） 内無回答 5
合　計	34（100.0）	13（100.0）	592（100.0）	17（100.0）	656（100.0）

自治体の構成別に見ると、「期待できる」が東京都の区の場合のみ高率となっており、他の自治体とはきわだった違いを見せている。重要なのは、「わからない」という回答の意味である。文字通りの素朴な回答も含まれると考えられるが、日本生産性本部の調査における「現行制度のままでよい」（五〇％）とする回答も想起すると、改革に大きな意義を見い出せず、「どうせ実態は変わらない」という〝本音〟を含むものと解釈できなくもない。実際に、「そもそも発生主義による会計情報が役に立つとは考えていない」とわざわざ別記した回答もあった。さらに、「期待できない」と「わからない」とを合わせると、過半数の自治体が「統一基準」の効果に懐疑的であるとの解釈も不可能ではない。

「統一基準」への期待に関する学会調査

「統一基準」への期待に関する現時点での最新の調査として日本会計研究学会・特別委員会のそれを紹介しておこう。それによれば、「期待」の内容を詳細に分けて質問しており、それぞれの調査項目の結果を「期待できる」（学会調査の「大いに期待している」と「やや期待している」との合計）、「期待できない」（同「あまり期待していない」と「全く期待していない」との合計）および「わからない」（同「わからない」と未回答との合計）に大別すれば次のようになっている。

【説明責任の向上】

「期待できる」　　六二・二％

「期待できない」　二七・七％
「わからない」　一〇・一％

【業務の効率化】

「期待できる」　三一・〇％
「期待できない」　五七・九％
「わからない」　一一・二％

【固定資産の適正な管理】

「期待できる」　八二・五％
「期待できない」　一二・〇％
「わからない」　五・六％

【他自治体との財政比較】

「期待できる」　七三・四％
「期待できない」　二〇・四％
「わからない」　六・三％

【予算編成への活用】

「期待できる」　五三・一％
「期待できない」　三六・三％
「わからない」　一〇・五％

【ＰＦＩへの活用】

「期待できる」　二一・四％

「期待できない」　五四・四％
「わからない」　二四・二％

この調査結果を見る限り、筆者の実施した調査から一年余のうちに、「わからない」が全体としてかなり減少していることがわかる。総務省の「統一基準」公表から二年以上が経過し、各自治体への浸透がかなり進んできたことを物語るものであろう。ただ、「業務の効率化」など、調査項目によっては「期待できない」とする認識が大きいものもあり、公会計情報の利用について、研究者の観点からの期待と行政の現場での期待とに大きな差異があることも明らかとなる。

予算編成と公会計情報

現金収支を基礎とするこれまでの予算編成の問題点についてはすでに別の機会に詳しく述べてきた[7]。このような予算編成の方法を、発生主義に基づく減価償却費、各種引当金繰入額等の現金支出を伴わない費用を加えたフルコストによって計算すべきことも指摘してきた通りである。しかし、実際には、予算編成は、費用という価値ベースの考え方ではなく、多くの場合、現金収支ベースで行われる。つまり、現金の収納または支払いがあった場合、その原因ではなく現金の増減という結果のみが関心の対象となってきた。いいかえれば、現金の収支によって反対給付として増減する価値は全く意識されることはなかったのである。「事業の遂行＝現金の支出」という伝統的な発想のもとでは「行政サービスの提供＝価値の提供」

という考え方が生まれてくることはなく、従って、そのためのインプットとしての予算が、価値の問題ではなく現金収支の問題として捉えられてきたのも当然の帰結であったともいえる。

しかし、決算としての会計情報の作成に発生主義が取り入れられて大きく変化しようとしているのと相まって、予算への発生主義の導入も議論の俎上に上るようになってきた。決算を発生主義会計の結果として表示する以上、予算にもあらかじめ発生主義概念に基づいた予定金額を計上しておかなければ決算との対比はできない。従って、「支出予算」ではなく「費用予算」を計上しなければならないこととなる。その典型例が減価償却費、退職給与引当金繰入額、損失補償引当金繰入額である。かつては十分に意識されなかった予算編成へのこうした発生主義概念の導入については、わが国においてもまだ実務担当者の一部のあいだではあるが、それでもようやく真剣な眼差しが注がれるようになりつつある。

質問3はそうした観点から自治体の実務担当の責任者が予算編成への発生主義概念の導入についてどのような意識をもっているかを尋ねたもので、その回答が図表10－8にまとめられている。

回答の結果は、全体的に見るとここでも質問2と同様、二極分解の様相を呈

図表10-8　発生主義予算の必要性

団体数（%）

	都道府県	政令市	その他の市	区	全　体
必　要	15（44.1）	5（38.5）	250（42.2）	11（64.7）	281（42.8）
不　要	2（5.9）	1（7.7）	81（13.7）	2（11.8）	86（13.1）
わからない（無回答を含む）	17（50.0） 内無回答1	7（53.8）	261（44.1） 内無回答2	4（23.5）	289（44.1） 内無回答3
合　計	34（100.0）	13（100.0）	592（100.0）	17（100.0）	656（100.0）

することとなった。「不要」と「わからない」とを合計すると五七・二％となり、予算編成への発生主義情報の必要性については少しずつ理解が深まりつつあるものの、なお明確な態度を決めかねているという実態が浮かび上がってくる。また、東京都の区の場合のみ「必要」とする回答が六四・七％であり、政令市では逆に「必要」が三八・五％であったことも注目される。

アンケート調査からわかること

筆者の実施した調査のうち「実態調査」について他の調査結果とも重ね合わせ、さらに、そこに追加的な調査結果を視野に入れることによって、総務省の調査のみによっては読み取れない事実、具体的には、東京都等が「統一基準」の導入を了解した真相の一端というべきものも浮かび上がってきた。また、「意識調査」からは、実務に直接関与する職員の間では、公会計情報は有用であるとの共通認識がまだ十分に浸透していないという実態も明らかになった。公会計基準の主導をめぐるこれまでの鼎立状態そのものは解消されたが、改革が自治体の職員や議会議員の認識においても、さらに社会的にも十分に浸透するにはなお長い期間を要することが予想される。しかし、時間はかかるとしても、公会計改革が名実ともに進展して行くことが望まれる。

注

1 総務省「地方公共団体における平成二三年度決算に係る財務書類の作成状況等」（平成二五年六月二七日報道資料）。総務省「地方公共団体における平成二四年度決算に係る財務書類の作成状況等」（平成二六年六月六日報道資料）。総務省「地方公共団体における平成二五年度決算に係る財務書類の作成状況等」（平成二七年七月七日報道資料）。

2 総務省「地方公共団体における統一的な基準による財務書類の作成予定」（平成二七年七月七日報道資料）。

3 佐藤　亨稿「アンケート調査からみる「新地方公会計」の実態」、『地方財務』第六八一号（平成二三年三月）。

4 亀井孝文稿「わが国地方公会計制度の改革とその展望」、『會計』第一八七巻第五号（平成二七年五月）。

5 佐藤　亨稿「検証「地方公会計制度改革」」、『地方財務』第七一〇号（平成二五年八月）。

6 佐藤　亨稿「財政の効率化・適正化の視点からみた地方公会計改革」、『地方財務』第七二三号（平成二六年九月）。

7 亀井孝文著『公会計の概念と計算構造』、森山書店　平成二五年。

あとがき

「会計」というのはもともとそれほど目立つ存在ではない。企業会計の領域でもそうであるが、公会計となるとその社会的関心はさらに低い。筆者が最初の研究テーマであるドイツ会計学の新しい学説研究から公会計研究に重点を移したのは約三〇年ほど前であるが、文献や資料はわずかなものしか見当たらないという状況であった。ましてドイツ公会計研究となると、邦文文献は皆無といっても過言ではなかった。平成元年から翌年にかけての一年間、ドイツのマールブルク大学に客員研究員として滞在し、そのおりに公会計関係の文献や資料の収集に努めたが、研究材料の収集は必ずしも思うに任せなかった。ドイツの研究者と話していても、「公会計というのは面白いですか」などと、何とも返答に窮するような質問をされるような関心の程度であった。しかし、本書のなかで述べてきたように、パブリック・セクターで取り扱う収支の莫大な額を思い浮かべれば公会計に無関心ではいられないことがわかる。その公会計も近年では会計学の一領域として認識されるようになり、また、総務省や個別の地方自治体による制度改革への真剣な取り組みによって、その重要性についての認識がようやく高まってきた。他方、制度改革を論ずるさい、ステレオタイプ化した理解が依然として少なくないことについても、これまで、さまざまな機会を通じて問題提起してきた。そうした理解の原因には、制度形成の歴史的経緯に関する研究、あるいは概念についての本質的研究が必ずしも十分ではないという事実があるように思われる。どのような制度にしろ、さまざまなバイアス要因を少しでも排除して純化する方法があるとすれば、それは歴史から失敗と成功の事実を学び、さらに、どんなに手間がかかろうとも、徹底した理論的思考を貫く以外にない。もちろん、実務となれば理論や理想通りには行くはずはないが、初めから理論や理想抜きの制度づくりはやがて問題を引き起こすに違いない。

筆者はこれまで公会計とその制度形成についての歴史とともに、理論研究に関するいくつかの論文や著書をまとめてきたが、単に自らの理論研究の成果だけではなく、大学院や学部の学生たちが公会計を学習するのに役立ちそうな参考書も送り出してきた。今回それをさらに拡張し、とくに地方自治体で直接間接に公会計の実務にかかわる行政職員、地方議会の現職議員、地方公監査の業務に携わる人たち、さらには公会計に関心をもつ人たちを意識してまとめたものが本書である。ここでは、公会計制度の歴史、問題点、改革の議論、それらをとりまく内外の状況など広範な話題を取り上げている。さらに、執筆にあたっては、理論的な側面よりもむしろ現実的なそれを重視し、できるだけ読みやすくすることを意識した。公会計や公監査の業務に日々携わる人たちが日常的なものの見方からいったん離れ、本書によって別の視角から公会計や公監査を考えるきっかけができれば幸いである。そして、何よりもまずステレオタイプ化した制度理解が少しでも修正されることを願っている。

本書は、『地方財務』（ぎょうせい）に連載したものが基礎となっているが、それぞれ状況の変化に合わせ加筆修正するとともに、章によっては新たに書き下ろした。なお、それぞれの初出は次の通りである。

第一章　「公会計を考える(1)」『地方財務』第七三九号（平成二八年一月）
第二章　「公会計を考える(2)」『地方財務』第七四〇号（平成二八年二月）
第三章　書き下ろし
第四章　「公会計を考える(3)」『地方財務』第七四一号（平成二八年三月）
第五章　「公会計を考える(4)」『地方財務』第七四二号（平成二八年四月）
第六章　書き下ろし
第七章　「公会計を考える(5)」『地方財務』第七四三号（平成二八年五月）
第八章　「公会計を考える(6)」『地方財務』第七四四号（平成二八年六月）
第九章　右に同じ
第一〇章　「アンケートに見る公会計制度改革」『地方財務』第七三八号（平成二七年一二月）

さらに、公会計の理論面に関心のある読者は、巻末に列挙した筆者による理論書も是非参照されたい。

ここでの論述と解説がより多くの読者に受け入れられ、公会計に関する新しい地平を切り開くのにいささかでも貢献することができれば筆者のこの上ない喜びである。
なお、本書の出版については、イマジン出版株式会社社長の片岡幸三氏と同社編集人の青木菜知子氏に大変お世話になった。ここに記して衷心より感謝を申し上げる。

平成二八年一二月　　亀井孝文

【著者略歴】
亀井　孝文
昭和22年生まれ
神戸商科大学（現・兵庫県立大学）大学院博士課程単位取得
博士（経営学・兵庫県立大学）
ドイツ・ボッフム大学（昭和46年～昭和47年）
ドイツ・マールブルク大学客員研究員（平成元年～平成2年）
国際公会計学会会長（平成19年～平成25年）
元南山大学総合政策学部教授
〈編著書〉
『地方自治体会計の基礎概念』（訳書／K・リューダー著）、中央経済社　平成12年
『公会計・監査用語辞典』（共同編集）、ぎょうせい　平成14年
『公会計改革論―ドイツ公会計研究と資金理論的公会計の構築―』、白桃書房　平成16年（平成16年度国際公会計学会賞・平成17年度日本地方自治研究学会賞）
『明治国づくりのなかの公会計』、白桃書房　平成18年
『公会計制度の改革』、中央経済社　平成20年
『公会計制度の改革（第二版）』、中央経済社　平成23年
『公会計小辞典』（編集代表）、ぎょうせい　平成23年
『現代自治体改革論―地方自治、地方行財政、公会計のこれから―』（共編著）、勁草書房　平成24年
『ドイツ・フランスの公会計・検査制度』（編著）、中央経済社　平成24年
『公会計の概念と計算構造』、森山書店　平成25年

よくわかる公会計制度
―創設の歴史と現行制度の活用や改革の方向まで―

2017年1月27日発行

著　者　　亀井　孝文 ©
発行人　　片岡　幸三
印刷所　　倉敷印刷株式会社
発行所　　**イマジン出版株式会社**
〒112-0013　東京都文京区音羽1-5-8
電話　03-3942-2520　FAX　03-3942-2623
http://www.imagine-j.co.jp/

ISBN978-4-87299-749-1　C2031　¥2200E

落丁・乱丁の場合はお取り替えいたします。